Pierre Stutz

Licht
in dunkelster
Nacht

Vier Briefe
an bekannte Mystiker

VIER-TÜRME-VERLAG MÜNSTERSCHWARZACH
2000

Überarbeitete und aktualisierte Neuauflage von Teil I
des 1993 im Rex Verlag (Luzern, Stuttgart) erschienenen Buches *Vom Unbegreiflichen ergriffen. Mystische
Lebenserfahrungen* von Pierre Stutz und Andreas Ben-
jamin Kilcher

Die Deutsche Bibliothek – CIP-Einheitsaufnahme
Ein Titeldatensatz für diese Publikation ist bei
Der Deutschen Bibliothek erhältlich

1. Auflage 2000
Gesamtherstellung: Vier-Türme GmbH, D-97359 Münsterschwarzach Abtei
© by Vier-Türme-Verlag, Münsterschwarzach Abtei
ISSN 0171-6360
ISBN 3-87868-626-9

Inhalt

Für Lorenz Marti aus Dankbarkeit
für seine einfühlsame Unterstützung.

Zu-Grunde-Gehen als Chance

Ich erinnere mich, als sei es gestern gewesen. Vor sieben Jahren wollte ich wenige Wochen vor dem ersten Erscheinen meiner Briefe an die vier Mystikerinnen und Mystiker den Druck stoppen. Angst und Panik hatten mich ergriffen.

Wer wird noch mit mir reden?

Werde ich noch für Kurse und Begleitgespräche angefragt, wenn ich selbst soviele Fragen habe?

Wird mein Freundeskreis noch zu mir stehen, wenn ich meine Verunsicherung und meine Not, mich selbst zu lieben, nicht weiterhin überspiele, sondern offen über meine Zweifel und Verletzungen rede?

Werde ich je wieder ein Buch veröffentlichen, wenn dieses persönliche Schreiben kaum LeserInnen finden wird?

In meinem Innersten wußte ich, daß ich keine Wahl hatte. Es gab kein Zurück. Entweder ich wagte diese Ehrlichkeit, oder ich konnte vor mir selbst, vor den anderen und damit vor Gott nicht mehr bestehen.

Das Gegenteil meiner Befürchtungen traf ein:

- Aus dieser Krise entstand ein offenes Klosterprojekt, in dem sich bis heute suchende Menschen jeden Alters einfinden. Frauen und Männer, die mit ihrer Sehnsucht und ihrer Verletzlichkeit nicht länger alleine bleiben wollen.
- Auf keines meiner anderen Bücher habe ich so viele persönliche Briefe erhalten. Hunderte von Menschen antworteten mir seit 1993 und erzählten von ihrer Not und der kraftvollen Unterstützung, die sie durch meine mystischen Lebenserfahrungen des Zu-Grunde-Gehens

erhielten. Die Bestärkung hinabzusteigen, das Dunkle auszuhalten, erahnend, daß Christus mit uns einem neuen Morgen entgegengeht.

- Kirchenferne Menschen und kirchliche MitarbeiterInnen, SeelsorgerInnen, Priester, Ordensleute fühlten sich angesprochen von meinen Worten, die sie zu einer erneuerten Spiritualität bestärken, wo alle Gefühle sein dürfen, weil sie nur so gestaltet und verwandelt werden können. Diese verbindende Sehnsucht von Menschen, die unsere Kirchen vor vielen Jahren verlassen haben und von Menschen, die mitten drin sind und sich für Reformen und persönliche Erneuerung engagieren, hat mich zutiefst beeindruckt.

Darum bin ich so dankbar, wenn nun diese Briefe der Ermutigung zur Selbst- und Gotteserkenntnis in den Münsterschwarzacher Kleinschriften neu erscheinen. Denn im Teilen von Ängsten und Hoffnungen ereignet sich jene mystische Spur, die Gott in allen Ereignissen des Lebens sucht und entdecken läßt. Aus diesem tiefen Vertrauen leben die folgenden Gespräche mit Mystikerinnen und Mystiker. Mögen sie weiterhin vielen Menschen Mut schenken, dem Leben auf den Grund zu gehen, um darin die Chance der Verwandlung, des persönlichen Reifens und der Solidarität zu erfahren.

Neuchâtel, 16. Juni 2000,
am Todestag des Mystikers Johannes Tauler

Pierre Stutz

Mystik als Lebenshilfe

Meine erste Begegnung mit den Mystikern war ein Geschenk – im doppelten Sinne des Wortes. Eine Freundin hatte mir zu meiner Priesterweihe die zwölfbändige Ausgabe der *Zeugnisse mystischer Welterfahrung*[1] aus dem Walter Verlag geschenkt, in denen die wichtigsten Texte der christlichen Mystiker zusammengefaßt sind. Ihre Texte hatten von Anfang an eine große Anziehungskraft auf mich. Doch mein berufliches Engagement ließ mir wenig Zeit, mich in sie zu vertiefen. Und wenn ich es tat, erschwerte mir die Sprache der Mystiker, die oft so weltverneinend tönt, den Zugang zu diesen kostbaren Quellen unserer Tradition.

Als ich dann vor zehn Jahren in eine große Krise geriet und mir der Boden unter den Füßen zu entschwinden drohte, wurden für mich mystische Erfahrungen und Texte zur Lebenshilfe in verunsicherter Zeit. Denn Mystikerinnen und Mystiker lebten ihre intensive Gottesbeziehung nicht, weil ihr Vertrauen und ihr Glauben so groß waren, sondern – und das war und ist meine befreiende Erkenntnis – weil sie vor ihrem Leiden an sich selbst, an den andern und an Gott nicht davonsprangen, vielmehr dieses Leiden als Chance sahen, um zum tiefsten Grund des Lebens zu gelangen: zur Vereinigung mit dem geheimnisvoll-nahen Gott. Diese Entdeckung ließ mich meine Vorurteile und Bedenken überwinden. Vorurteile, die entstehen wenn nur noch von den Entzückungen, vom Ziel gesprochen wird und wenn der mühsam-befreiende Weg der Selbstwerdung zu schnell überhöht wird. Das Meditieren von mystischen Texten hat mir geholfen, mir eine Sabbatzeit zuzugestehen. Dies war ein schmerzhafter Prozeß, den ich ohne die Ermutigung der mystischen Lebenserfahrungen nicht geschafft hätte. In Entscheidungssituationen fragte ich mich, was die andern brauchen, und selten, was denn für mich wichtig sei. Ich definierte mich sehr über meine Leistungen und spürte einen großen Schmerz, wenn Freunde und Freundinnen mir sagten und zu verstehen gaben, daß ich allein durch mein Sein wertvoll sei. Es brauchte die Rebellion meines Körpers, unzählige schlaflose Nächte, die mich zwangen, nun vermehrt einen Weg nach innen zu gehen. Ich wehrte mich lange dagegen, hatte große Angst vor der Stille, und am schlimmsten war das Gefühl, das mir Gott abhanden kam und ich nicht mehr beten konnte.

In diesen verzweifelten Stunden waren für mich die folgenden Gespräche mit den Mystikerinnen und Mystikern eine wertvolle Stütze. Ich finde in ihnen Menschen, die ganz zu ihrer Krise standen und die fest überzeugt waren, daß sich im schmerzhaften Prozeß der Selbstwerdung Gott selbst geheimnisvoll ereignet. Mit ihnen kann ich mich identifizieren, und sie helfen mir, mich neu zu orientieren. Sie ermutigen mich und fordern mich heraus, mehr loszulassen in meinem Leben, sogar Gott loszulassen, um ihn neu erfahren zu können.

Dieser persönliche Hintergrund prägt die folgenden vier Dialoge mit Hildegard von Bingen, Johannes Tauler, Teresa von Avila und Johannes vom Kreuz. Es ist daher keine ausgewogene, vollständige Darstellung der mystischen Lebenserfahrungen dieser vier Menschen zu erwarten, sondern eher eine Hommage. Trotz dieser „Einseitigkeit" hoffe ich, daß ich ihnen ein wenig gerecht werde.

Besonders wichtig war mir die Verbindung ihrer Mystik mit ihrem Leben und ihrem Engagement in dieser Welt. Mystik ist nichts Schwärmerisches und Weltfremdes, sondern eine engagierte Denk- und Lebensform. Ohne von ihrem Leben zu wissen, sind die Texte der Mystikerinnen und Mystiker, denen ich schreibe, daher nicht zu verstehen. Die ganze Auseinandersetzung und Vertiefung der Mystik hat mich mir nicht entfernt, sondern dem Leben näher gebracht. Denn „Mystik ist die Liebe zum Geheimnis der Wirklichkeit, die Heimkehr des Menschen in seine eigene Tiefe, das Sich-Bergen des Menschen im dunklen Urgrund der Wirklichkeit. Der Mystiker wählt das Dunkel zur Heimat ... Jeder Mensch ist Mystiker in seiner Wesensmitte. Je näher er bei sich selbst lebt, desto deutlicher kann er mystisches Erleben nachempfinden."[2] Echte, glaubwürdige Mystikerinnen und Mystiker fliehen nicht vor der Wirklichkeit, sie versuchen im Hier und Jetzt zu leben und sehen die Wirklichkeit intensiver, nicht oberflächlich, sondern mit den Augen und dem Herzen Gottes. Darum leben sie intensive freundschaftliche Beziehungen, entdecken Gott in allen Dingen, besonders in der Schöpfung, setzen sich für Reformen in der Kirche ein, wagen radikal und kühn die Sinn- und Gottesfrage zu stellen, lieben das Künstlerische, verdrängen Leid und Ohnmacht nicht, sondern stehen zu ihren Grenzen und können darum auch viele Menschen begleiten und trösten.

Christliche Mystikerinnen und Mystiker orientieren sich an der biblischen Botschaft und an der Praxis Jesu. Sie wagen trotzdem vielfältige Formen der Gottesbeziehung und stehen zu dem Schweigen, das sich durch ergreifende Erfahrungen ereignen kann. Die Verwurzelung in dem gekreuzigten und auferstandenen Christus führt sie nicht in eine abgehobene Innerlichkeit, sondern auf die Straßen und Marktplätze zu den

Menschen, die sich nicht mit Konsum und Ungerechtigkeit abfinden und die den Traum einer zärtlicheren und gerechteren Welt noch nicht ausgeträumt haben.

Dahin muß sich auch die Kirche – die offizielle und wir alle – hinbewegen. Zu der großen Sehnsucht der Menschen nach Geborgenheit und Freiheit. Ohne Umkehr zur Einfachheit und zum Loslassen von alten, unverständlichen Formulierungen und Riten wird dies nicht möglich sein. Die Mystik führt in die Nähe der Jugendlichen und Erwachsenen, die sich nach lebendigen, ganzheitlichen Gottesdiensten und nach eigenständigem, mündigem Christsein sehnen. Mit ihnen zusammen hoffe ich auf eine mystische Kirche, die dialog- und menschenfreundlicher wird.

Unsere Welt braucht viele all-tägliche Mystikerinnen und Mystiker. Menschen, die sich, wie die Dichterin Rose Ausländer so treffend sagt, „an allen Ecken wundstoßen und ganz bleiben."[3]

ANMERKUNGEN

[1] Zeugnisse mystischer Welterfahrung, 12 Bände, Olten (Walter) 1993. Zu empfehlen auch: Kleine Bibliothek spiritueller Weisheit, herausgegeben von Emmanuel Jungclausen und Christian Feldmann, Freiburg i. Br. (Herder) 1999.

[2] Georg Schmid: Die Mystik der Weltreligionen. Eine Einführung, Stuttgart (Kreuz: Wege der Mystik) 1990, 26,38.

[3] Rose Ausländer: Mutterland – Einverständnis. Gedichte, Frankfurt a. M. (Fischer TB 5775) 1982, 12.

Leidenschaftlich verliebt in die Schöpfung

Hildegard von Bingen (1098–1179)

Hildegard wird als zehntes Kind in einer Adelsfamilie in Bermersheim bei Alzey (Rheinhessen) geboren. Schon mit acht Jahren wird sie Jutta von Spanheim, die in der Nonnenklause des Mönchsklosters Disibodenberg lebt, zur geistlichen Erziehung anvertraut. Um 1114 tritt sie ins Benediktinerinnenkloster ein und wird 1136 von den Mitschwestern zur Äbtissin gewählt.

In den Jahren 1141–51 schreibt Hildegard ihre visionären Erlebnisse *Liber Scivias* (Wisse die Wege) mit Hilfe des Mönches Volmar und der Nonne Richardis nieder. Ihre Theologie stellt sie in einen kosmologischen Rahmen. Die Entfaltung ihres mystischen Welt- und Menschenbildes in *Liber Scivias* ist zugleich ein politisches Dokument höchsten Ranges, worin sie ihre Zeitkritik vorträgt. 1147/48 läßt Papst Eugen III. die Schrift durch eine Kommission prüfen und bestätigt auf der Trierer Synode ihre kraftvolle, schöpfungszentrierte Theologie. Hildegard wird berühmt und engagiert sich in zahlreichen Briefen an Päpste, Fürsten, Bischöfe, Kaiser und Könige für eine menschenfreundlichere Welt. Im Jahre 1150 gründet sie ein Kloster auf dem Rupertsberg bei Bingen, das möglichst unabhängig von den Mönchen sein soll.

Die Erlösung des Menschen ist ihr Lebensthema. Sie spricht davon nicht nur in kraftvollen Visionen, sondern hilft als Ärztin und Apothekerin mit ihren Naturheilmitteln den Menschen wirklich zur ganzheitlichen Befreiung. 1151–58 entsteht ihre Natur- (Physica) und Heilkunde (Causae et curae), und viele Menschen suchen

Rat bei ihr. Im *Buch der Lebensverdienste* (Liber vitae meritorum) thematisiert sie den alltäglichen Kampf zwischen Gut und Böse und bestärkt den Menschen zum verantwortungsvollen Umgang mit der Welt. Sie nimmt ihre Eigenverantwortung auch selbst wahr. Sie begibt sich mutig auf verschiedene Predigtreisen nach Mainz, Würzburg, Trier, Köln und trägt mitten auf den Marktplätzen ihre Visionen von einer zärtlicheren Welt und ihre Kritik an geldgierigen Klerikern und Politikern vor. In elfjähriger Arbeit entsteht ihr reifstes Werk *Buch der Gotteswerke* (Liber divinorum operum 1163–73). Der Mensch steht im Zentrum des kreisenden Rades. Er ist eingebunden in Christus, in den ganzen Kosmos. Aus dieser Verbundenheit entsteht die Kreativität, die Lebensfreude und die einfühlsame Verantwortung für die Mitwelt.

Ihre Solidarität mit einem Exkommunizierten bringt sie in Konflikt mit der Mainzer bischöflichen Behörde, die über das Kloster ein Interdikt, ein Verbot von Gottesdiensten, verhängt. Hildegard wehrt sich, sendet Appelle nach Rom und erreicht die Aufhebung des Bannes. Am 17. September 1179 stirbt sie im Kloster Rupertsberg bei Bingen. Ihre medizinisch-naturwissenschaftlichen, musikalischen und theologisch-visionären Werke verkünden eine die Zeiten überdauernde Botschaft, die aus der Schöpfungsverbundenheit einlädt, phantasie- und verantwortungsvoll mit der Mit- und Umwelt umzugehen.

Liebe Hildegard von Bingen,

auf einer Tagung mit Verantwortlichen aus vielen verschiedenen Ordensgemeinschaften habe ich von Dir gehört. Dein Name, Deine Heilkunst und Deine kompetente Naturkunde mit den ausführlichen Beschreibungen von Pflanzen, Tieren, Metallen und Edelsteinen waren mir bekannt, mehr nicht. Beim Essen erzählte mir eine ältere Priorin ganz begeistert von Dir. Sie möchte die Widerstandskraft der Orden neu beleben und sieht in Dir eine Verbündete. Diese Ordensfrau, die mit vielen andern auf den Frühling der Kirche hofft und die sich nicht scheut, harte Kritik an einer zentralistischen Kirchenleitung zu üben, sprach – nicht ohne Stolz – von Deiner Gehorsamsverweigerung, die Du als 80jährige Benediktinerinnenäbtissin gewagt hast. Eine Geschichte, die mich aufhorchen ließ. Im Jahre 1178 hast Du einen jungen Adligen, der eines Verbrechens wegen im Kirchenbann gestorben war, auf dem Friedhof Deiner Abtei Rupertsberg beerdigen lassen. Dieser Solidaritätsakt hatte nicht nur für Dich, sondern für den ganzen Konvent schwerwiegende Konsequenzen. Die Mainzer bischöfliche Behörde stellte Dich vor eine schwierige Wahl: Entweder wird die Leiche unverzüglich ausgegraben und in ungeweihter Erde außerhalb des Klosters diskret verscharrt, oder über Dich und das ganze Kloster wird ein Interdikt erlassen, ein Verbot, öffentlich Gottesdienst zu feiern und die Sakramente zu empfangen. Du hast Dich auf die Seite des Außenseiters gestellt, nicht mit schönen Worten, sondern mit Deiner ganzen Persönlichkeit. Eine Tat, die mich zutiefst bewegt, weil sie nicht nur von Dir, sondern auch von Deinen Mitschwestern verlangte, auf etwas Zentrales im Leben, auf das Feiern von Gottes

Gegenwart zu verzichten. Dadurch hast Du unwiderruflich dazu aufgerufen, „das Leben zu wählen"[1] und in Eigenverantwortung dem Gewissen zu folgen. Einige Monate mußtet ihr auf Gottesdienste im Kloster verzichten. Während dieser Zeit hast Du Dich gewehrt, bis der in Rom weilende Erzbischof den Bann wieder aufhob. Durch diese mutige Tat bist Du für mich eine sympathische[2] Frau geworden, und ich wollte mehr von Deinem Leben und Deinen Visionen, Deiner Sehnsucht nach einer neuen Welt erfahren. Dein glaubwürdiger Tatbeweis hat es mir ermöglicht, einen Zugang zu Deinen oft sehr schwierigen Büchern zu finden. Im Nachhinein sehe ich in diesem Widerstandsakt die Verdichtung Deiner ganzen Lebens- und Glaubenserfahrung. Die Würde des Menschen, die nur in Beziehung zum Schöpfer und zur Schöpfung voll erfahrbar wird, steht über allen kirchlichen Gesetzen. Oder wie Du es so treffend sagst:

„Als Gott dem Menschen ins Angesicht schaute, gefiel er Ihm sehr gut. Hatte Er ihn doch nach der Gewandung Seines Bildnisses und auf Verähnlichung mit sich hin erschaffen! Der Mensch sollte mit dem Instrument seiner vernünftigen Stimme alle Wunderwerke Gottes verkündigen: Denn der Mensch ist das volle Werk Gottes. Gott wird vom Menschen erkannt, und um des Menschen willen hat Gott alle Geschöpfe erschaffen. Ihm hat Er gestattet, im Kuß der wahren Liebe durch seine Geistigkeit Gott zu preisen und zu loben."[3]

Du wußtest, daß der junge Mann sich einem Priester anvertraut, daß er gebeichtet hatte. Offiziell konnte er die über ihn verhängte Exkommunikation nicht mehr aufheben, doch für Dich war der Einklang mit sich selbst das Entscheidende; was für Dich immer zugleich bedeutet, mit dem Schöpfer und seiner Schöpfung im

Einklang zu sein. So ernst nimmst Du den einzelnen Mensch als Teil der Schöpfung, daß Du die brisante Frage der Beichte sogar auf die Elemente erweiterst: *„Wenn jemand in der Stunde seines Todes ein Heilmittel für seine Sünden sucht, jedoch keinen Priester bekommen kann, dem er seine Sünden bekennt, so tue er sie einem andern Menschen, der ihm zu dieser Zeit zur Verfügung steht, kund; oder kann er so plötzlich keinen Menschen erreichen, eröffne er sie mit innerstem Herzensverlangen in Gegenwart der Elemente."*[4] Diese Grundhaltung mußte Dir Schwierigkeiten bringen. Obwohl Du in vielen theologischen Fragen eine konservative Reformerin[5] warst, finden sich bei Dir wichtige Akzente für eine kosmische Theologie, in der Du von einem dynamisch-zärtlichen Gott redest, der *„ja nicht geschaut werden kann, sondern durch die Schöpfung erkannt wird"*[6]. In Deinen Visionen hast Du gesehen, daß alles Leben seinen Ursprung in Gott hat:

„Und so ruhe Ich in aller Wirklichkeit verborgen als feurige Kraft. Alles brennt allein durch Mich, so wie der Atem den Menschen unablässig bewegt, gleich der windbewegten Flamme im Feuer. Dies alles lebt in seiner Wesenheit, und kein Tod ist darin. Denn Ich bin das Leben. Ich bin auch die Vernunft, die den Hauch jenes tönenden Wortes in sich trägt, durch das die ganze Schöpfung gemacht ist. Allem hauchte Ich Leben ein, so daß nichts davon in seiner Art sterblich ist. Denn Ich bin das Leben. Ich bin das ganz heile Leben: nicht aus Steinen geschlagen, nicht aus Zweigen erblüht, nicht wurzelnd in eines Mannes Zeugungskraft. Vielmehr hat alles Leben seine Wurzel in Mir."[7]

In der Dynamik und Leidenschaft jenes Menschen aus Nazareth verdichten sich für Dich all diese Worte, die uns einen Gott zeigen, der sich uns Menschen zärtlich zuwendet und den Du darum auch Mutter nennst. Durch diesen *„Lebensquell kam nämlich die umarmende Mutterliebe Gottes zu uns, sie nährte unser Leben, hilft uns in Gefahren und leitet uns"*[8].

Weißt Du, daß wir erst seit einigen Jahren durch die feministische Theologie dieses uralte Reden von Gott wiederentdecken? Leider reden noch zuviele einseitig vom „HERR-gott" und haben nicht Deine Weitsicht, die nicht vom BeHERR-schen der Erde redet, sondern wie die Indianer von der Sorge um die Mutter Erde: *„So ist die Erde gleichsam die Mutter der verschiedensten Arten, die teils aus dem Fleisch stammen, teils aber auch aus Samen in sich selber wachsen. Sie ist aller Mutter, weil alles, was nur immer Gestalt und Leben irdischer Natur hat, sich aus ihr erhebt."*[9]

Menschen, die aus dieser Verbundenheit leben, fördern die Solidarität mit den Schwächeren, leben sinnlicher und gewaltfreier. Zu unserem großen Unglück hat sich Deine Sicht der Welt wenig durchgesetzt. Wir haben viel von unserer Sinnlichkeit verloren und lösen Konflikte zu oft mit Gewalt. Trotzdem finden sich immer wieder Menschen, die wie Du auf ihre innere Stimme gehört haben und auch vom Eingebundensein in die Schöpfung sprechen. Wie die Einsiedlerin Juliana von Norwich (1342–1416), die mitten in der Stadt lebt, die schöpfungsorientiert die Mütterlichkeit Gottes und Christi hervorhebt und eine sinnliche Spiritualität fördert: *„Unsere Sinnlichkeit gründet in der Natur, in Mitgefühl und Gnade. In unserer Sinnlichkeit wohnt Gott. Gott ist das Mittel, durch das unser Wesen und unsere Sinnlichkeit zusammengehalten werden, um niemals getrennt zu sein ... Wir sind in Gott und*

Gott, den wir nicht sehen, ist in uns."[10] Auch Mahatma Ghandi betont die Verbundenheit mit der Schöpfung und führt Deine Gedanken im Ideal der „Gewaltfreiheit" weiter: *„Aber Gott zu verwirklichen heißt, ihn in allem zu sehen, was lebt, das heißt, unsere Einheit mit der ganzen Schöpfung zu verwirklichen. Das ist unmöglich, wenn wir nicht freiwillig physische Gewalt meiden und bewußt die latent in jedem von uns vorhandene Nicht-Gewalt entwickeln.*"[11] Dieser Spur will ich folgen...

* * *

Eine lange Zeit voller Selbstzweifel hast Du gebraucht, um Deine inneren Bilder aufzuschreiben. Du tust es, weil Du dazu aufgefordert wirst und erst lange nach der Niederschrift vertraust Du Deinem Sekretär Wibert an, was damals in Dir vorgegangen ist:

„Ich bin ständig von zitternder Furcht erfüllt. Ich sehe aber diese Dinge nicht mit den äußeren Augen und höre sie nicht mit den äußeren Ohren, auch nehme ich sie nicht mit den Gedanken meines Herzens wahr noch durch irgendwelche Vermittlung meiner fünf Sinne. Ich sehe sie vielmehr einzig in meiner Seele, mit offenen leiblichen Augen, so daß ich dabei niemals die Bewußtlosigkeit einer Ekstase erleide, sondern wachend schaue ich dies, bei Tag und Nacht ... Ich sehe, höre und weiß gleichzeitig, und wie in einem Augenblick erlerne ich das, was ich weiß."[12]

Es sind kosmische Visionen, die hoffnungsvoll von der Befreiung des Menschen erzählen, welche Du in einem Zeitraum von 30 Jahren aufschreiben ließest. Diese innere Erfahrung führt Dich zu einer intensiven Weltbejahung.

Deine Bildmystik[13] lebt vom Ergriffensein durch den unbegreiflichen Schöpfer, und ich sehe darin eine Ermutigung, uns genügend Zeit und Raum zu nehmen, um unsere inneren Bilder lebendig werden zu lassen. Bilder, die uns auch den tieferen Sinn unserer Wirklichkeit aufzeigen können und uns erinnern, daß wir nur im Einklang mit der Natur überleben können. Denn die „Hintergründigkeit der Welt zu erkennen und mit ihr in Einklang zu leben, bedarf noch anderer Organe als des Auges. Erkenntnis der Welt ist Wahrnehmung dessen, was hinter Raum und Zeit liegt. Wir können es unterschiedlich benennen: Sinn des Lebens, das Eigentliche, das Geheimnis der Welt, Gott. Maria Kassel nennt die Quelle spiritueller Erkenntnis ‚das Auge im Bauch'. Sehen mit dem Auge im Bauch ist mehr als Sehen, es ist die Fähigkeit zur Imagination. Sie führt zu einer anderen Qualität der Erkenntnis als Faktenwissen. Sie eröffnet den Zugang zum Wesentlichen, das sich hinter Zähl- und Planbarem verbirgt."[14]

Dieser Fähigkeit der Imagination begegnest Du nicht euphorisch-schwärmerisch, sondern Du kämpfst und engagierst Dich für die Anerkennung dieses Bewußtseins. Deine Natur- und deine Heilkunde[15] zeigen uns, was Deine mystischen Erfahrungen in Dir bewirken. Deine Leidenschaft führt Dich zu minutiöser Kleinarbeit, Du beschreibst über 500 Pflanzen, Tiere und Edelsteine, schilderst kompetent das Leben der Fische, beobachtest die Vogel- und Tierwelt. Kraftvoll rufst Du zu einer gesunden Lebensführung auf. Von Leibfeindlichkeit ist bei Dir nichts zu spüren. Wir sind Leib, und Du zeigst als Ärztin und Apothekerin auf, daß Heilung nur durch Veränderung der Lebensführung möglich sein wird. Deine psychosomatische Ganzheitsmedizin bekommt bei uns wieder mehr Gewicht. Dadurch wird auch die heilende Kraft des Glaubens neu erfahrbar. Es ist dringend notwendig, „die Leib-Seele-Einheit des Menschen wiederzuentdecken, die Kraft, die im Sichannehmenkönnen und Sichgeliebtwissen auch für den Körper steckt, die enorme Bedeutung menschlicher Nähe und Solidarität für den Heilungsprozeß. Jesus Christus hat uns in seinen Heilungswundern vorgemacht, wie wichtig die mitfühlende Nähe und das Ernstnehmen des allzuoft isolierten Kranken sind."[16] Das alles können wir bei Dir lernen. Hätte ich Deine lebensfördernden Weisheiten nur schon vor einiger Zeit entdeckt! Ich habe mich über Jahre hinweg geweigert, die Signale meines Körpers ernstzunehmen, die sich durch ständige Überarbeitung in mir meldeten. Erst durch den massiven Leidensdruck einer wochenlangen Schlaflosigkeit habe ich mich zu einem Sabbatjahr durchgerungen. Nicht, um nichts mehr zu tun, sondern um gesünder und schöpfungsbezogener zu leben, damit die *„Seele den Leib durchfließen kann wie der Saft den Baum"*[17].

❊ ❊ ❊

„Gott hat alle Dinge
der Welt so eingerichtet,
daß eins auf das andere Rücksicht nehme ...

Ich aber bin jener Lufthauch, der alles Grüne nährt
und die Blüten sprießen läßt mit ihren
reifenden Früchten.
Mit jedwedem Hauch des Heiligen Geistes
werde ich belehrt,
so daß ich die lautersten Bäche ergießen kann.
Mit dem Seufzen zum Guten rufe ich Tränen
hervor

21

*und aus den Zähren den Wohlgeruch heiliger
Werke.*
*Auch bin ich jener Regen, der aus dem Tau herweht,
durch den alle Kräuter mich anlachen zu fröhlichem Leben.*[18]

*Urkraft der Ewigkeit
in Deinem Herzen ist alles geordnet,
erschaffen ist alles, wie Du gewollt,
durch Dein Wort."*[19]

Diese Gedanken und Gedichte kann ich nun in
meiner Sabbatzeit in Jerusalem und im Jura in
der Natur selbst meditieren. Sie begeistern mich
und helfen mir, eine noch klarere Schöpfungsspiritualität zu leben, die den Wert der Schöpfung
anerkennt. Eine Spiritualität, in der das Aufeinanderangewiesensein aller Kreaturen zum Ausdruck kommt, in dem sich die Begegnung mit
dem Schöpfer ereignet:

*„So war alles Gehorchen der Kreatur nur ein
Verlangen nach dem Kusse des Schöpfers. Und
alle Welt empfing den Kuß ihres Schöpfers, da
Gott ihr alles schenkte, was sie brauchte ... Aber
auch der Schöpfer ist mit Seiner Schöpfung im
Bunde, wenn Er ihr die grünende Lebensfrische
und die fruchtbare Lebenskraft spendet ... Daher
darf die Schöpfung in inniger Liebe zu ihrem
Schöpfer wie zu einem Geliebten reden ... der
Mensch ist das Inbild und die Fülle aller Schöpfung. In seinem innersten Seelengrunde verlangt
er nach dem Kusse seines Gottes."*[20]

Seit ich Deine mystischen Lebenserfahrungen
ein wenig kenne, gehe ich ganz anders durch die
Schöpfung. Oder anders ausgedrückt, das Wandern und Sein in der Natur wird mir zum Gebet
und erinnert mich an Deine Hoffnung, in allem
Gott hautnah zu erfahren:

Ich sitze am Bergbach und höre lange dem Rauschen des Wassers zu, jogge durch den Wald, genieße das Zwitschern der Vögel und nehme das kraftvolle Grün der Bäume und Pflanzen in mich auf. Ich stehe nach einem Gewitter vor einem Blatt, das voller Regentropfen ist und staune über die Phantasie und Vielfalt. Ich umarme einen Baum, der ganz allein auf einem Hügel steht, und ich bin *umfangen von den Umarmungen der Geheimnisse Gottes.*

Ich trage einen Stein in meiner Hand und spüre seine wohltuende Kraft. Ich genieße den Geruch der Blumen und Kräuter im Garten, bräune mich an der Sonne und erfrische mich im Wasser. Ich steige auf die hohen Gipfel rund um Zermatt, gehe über Schneefelder und schweige voller Staunen und Dankbarkeit über die Weite und Größe der Berge. Ich betrachte die Einzigartigkeit jedes Grashalmes und die schöpferische Phantasie, die sich in jeder Blume entdecken läßt. Ich schaue den Fischen zu, wie sie im Wasser auf und ab springen, und spüre meinen Freiheitsdrang beim Anblick der Pferde in den Freibergen. Und ich bin *umfangen von den Umarmungen der Geheimnisse Gottes.*

Ich verweile in der Nähe eines Rehes, das friedlich am Waldrand weidet. Ich spaziere stundenlang bei klarem Sternenhimmel durch die Nacht, schaue bei Tag dem Spiel der Wolken zu und bin überwältigt vom Universum. Ich bin am Meer, und abends lausche ich dem Schweigen der Wüste. Ich komme ganz durstig in einer Oase an und erinnere mich an Dein Schöpfungslied:

„O edelstes Grün,
du wurzelst in der Sonne,

strahlst auf in leuchtender Helle in einem Kreislauf,
den kein irdisches Sinnen begreift:
Du bist umfangen von den Umarmungen der
Geheimnisse Gottes. "[21]

Dann denke ich an all die Menschen, die Natur-
freunde, die durch Deine Worte eine neue Beziehung zum Göttlichen entdecken könnten, weil
Deine Theologie so sinnlich ist. Eine Theologie,
die wie die Mystik von Juliana von Norwich zu
allererst das Gute der Schöpfung und des Menschen hervorhebt: „Gott ist alles Gute, wie ich
meine und das Gute in allem ist Gott."[22] oder wie
dies die Theologin Carter Heyward ausdrückt:

„Im Anfang war Gott,
im Anfang die Quelle von allem, was ist,
im Anfang die Sehnsucht: Gott.

Gott – die stöhnende,
Gott – die in Wehen liegende,
Gott – die gebärende,
Gott – die jubelnde,
Gott, voller Liebe für ihr Geschöpf,
sprach: Es ist gut!

Dann hielt Gott zärtlich die Erde im Arm,
wissend, daß alles Gute geteilt sein will.
Gott sehnte sich nach Verbundenheit.
Gott wollte die gute Erde teilen mit andern,
und die Menschheit ward geboren
aus Gottes Verlangen.
Wir wurden geboren, die Erde zu teilen. "[23]

Dabei wird mir schmerzlich bewußt, welche Ver-
armung und Einseitigkeit unsere patriarchalisch
geprägte Theologie gefördert hat und sie bis heute
mit ihrem Herrschaftsanspruch verteidigt. Ein

Anspruch, der sich nicht zuletzt in einer erstarrten Sexualmoral verirrt.

* * *

Ich staune, wie unbefangen Du über die Geschlechtlichkeit sprichst, obwohl sich Deine Mystik sehr unterscheidet von der Liebesmystik einer Mechthild von Magdeburg[24], die in ihrem *Fließenden Licht der Gottheit* das Liebesgeschehen zwischen Gott und der Seele beschreibt. Die schöpferische Kraft, die in Dir lebt, läßt Dich offen das Wunder der Sexualität beschreiben. Du siehst die Sexualität „als Abbild des von Ewigkeit her innerhalb der göttlichen Dreifaltigkeit stattfindenden Gesprächs"[25], siehst die Geschlechtsorgane wie das Gehirn mit Vernunft begabt und erahnst im Geschlechtsakt nichts Unreines, sondern die *„Kraft der Ewigkeit"*[26]. Aus ihr entspringt ja alle Liebe im Kosmos. *„In der Ewigkeit hat sie ihr Zelt. Denn als Gott die Welt erschaffen wollte, neigte er sich in zärtlichster Liebe herab."*[27] Ich bin überzeugt, daß Deine Gedanken uns helfen können, die lebensverneinende Trennung zwischen Sexualität und Spiritualität zu überwinden. Die ganze mystische Tradition fördert die positive Deutung der Sexualität.

Auch in der jüdischen Mystik finde ich die Vorstellung von Sexualität als Abbild des göttlichen Dialoges: „Angesichts der enormen Bedeutung, die die Sexualität in der kabbalistischen Auffassung vom Göttlichen hat, ist es nicht überraschend, daß die mystische Tradition die Quelle einiger der positiven Stränge der jüdischen Einstellung zur ehelichen Sexualität ist. Für die Kabbalisten ist der menschliche Geschlechtsverkehr, wo er mit der richtigen Intention und innerhalb der gesetzten Grenzen ausgeübt wird, eine Nachahmung des Prozesses innerhalb des Göttlichen und eine symbolische Verwirklichung der Wiedervereinigung von Gott und Schekhina"[28], dem Einwohnen Gottes in der Welt.

Und ich denke an Dich, wenn der Mönch Cassian sagt, daß nur der vitale, auch in seiner Sexualität sich spürende Mönch, zu einem glühenden Gottesverehrer wird. Wer „ohne Vitalität und Sexualität ist, wird auch in seiner Frömmigkeit kraftlos und leer bleiben und niemanden für den lebendigen Christus begeistern können."[29] Dies ist der entscheidende Punkt für eine leibhafte Spiritualität, die uns Menschen Heilung und Beziehung ermöglicht. Denn beide, „Religion und Sexualität, heilen, weil sie die Kluft zwischen uns und der Welt schließen! Wir entdecken uns als Teil von allem und erfahren uns als eins mit dem Mysterium des Lebens. Wenn wir über Gott sprechen in Beziehung auf unsere Sexualität, dann werden wir der Liebe, die in uns wirkt, gewahr. ‚In Gott leben, bewegen wir uns und sind wir' (Apostelgeschichte 17,28). Der Ausdruck ‚in Gott sein' bedeutet, daß wir uns selbst gleichzeitig aktiv und passiv erfahren: Wir leben, aber das Leben trägt uns weiter; wir bewegen uns vorwärts, aber werden auch in das Gewebe des Lebens einbezogen. Wir sind geschaffen und selber schöpferisch."[30]

* * *

Der Strom des Lebens fließt durch Dich, und Du nimmst als sensible Frau wahr, wo das Leben und die Schöpfung bedroht sind. Durch die vielen Kontakte und Begegnungen mit ganz verschiedenen Menschen weißt Du um den „Machbarkeitswahn" und die Zerbrechlichkeit des

Menschen. Du siehst einen Zusammenhang zwischen dem Handeln der egoistischen Menschen und der leidenden Schöpfung. Unmißverständlich ergreifst Du als Stimme Gottes Partei für die Natur und wehrst Dich, wenn er als Lückenbüßer für die zerstörerischen Fehler der Menschen hinhalten muß:

„Doch nun sind alle Winde voll vom Moder des Laubes, und die Luft speit Schmutz aus, so daß die Menschen nicht einmal recht ihren Mund aufzumachen wagen. Auch welkte die grünende Lebenskraft durch den gottlosen Irrwahn der verblendeten Menschenseelen. Nur ihrer eigenen Lust folgen sie noch und lärmen: ‚Wo ist denn ihr Gott, den wir niemals zu sehen bekommen?‘ Ihnen antworte Ich: Seht ihr Mich denn nicht Tag und Nacht? Seht ihr Mich nicht, wenn ihr sät und wenn die Saat aufgeht, von Meinem Regen benetzt? Ein jedes Geschöpf strebt hin zu seinem Schöpfer und erkennt ganz klar, daß nur Einer es hervorgebracht hat. Nur der Mensch ist ein Rebell. Er zerreißt seinen Schöpfer in die Vielzahl der Geschöpfe.“[31]

All jene, die sich für die Bewahrung der Schöpfung einsetzen, können mit Dir eine Spiritualität der Konfliktfähigkeit einüben. Durch Dein beharrliches Engagement kann ich lernen, konfliktfähiger zu werden, ohne meine verwundbaren Seiten verstecken zu müssen. Du bist Mystikerin und Prophetin zugleich,[32] was auch ein politisches Engagement beinhaltet[33]. Deine Visionen und Deine kritischen Predigten zeugen davon. Du hast Dich nicht nur den Einzelnen, besonders den Kranken zugewendet, sondern Dich auch strukturell für eine gerechtere Welt eingesetzt. Als Frau hast Du die Ungerechtigkeit am eigenen Leibe erfahren. Deine inneren Bilder, die Dir einen zärtlichen und gerechten Gott offenbarten, ermutigten Dich, gegen die Bevormundung durch die Mönche und für die Autonomie eures Klosters zu kämpfen.

Auch das tust Du ganzheitlich. Sensibel wie Du bist, machen Dich der Widerstand und die eigene Zerbrechlichkeit krank. Deine Erfahrungen kann ich sehr gut nachvollziehen. Ich bringe sie in Verbindung mit einer notwendigen Spiritualität des Widerstandes, die ich selbst nur schwer umsetzen kann. Schon als Kind habe ich gelernt und erfahren, daß Versöhnung zum Wesentlichen des Christseins gehört. Eine Versöhnung, unter der allzu oft verstanden wird, zu schnell Kompromisse einzugehen, einem faulen Frieden zuliebe Konflikte zu verdrängen und sparsam mit Kritik umzugehen – vor allem Autoritäten gegenüber. Dies hat mich geprägt: mein Harmoniebedürfnis ist groß, und mit Konflikten tue ich mich noch heute schwer. Obwohl ich seit Jahren durch die Begegnung mit der biblischen Botschaft erfahren habe, wie einseitig mir das Motiv der Versöhnung weitergegeben wurde. Es steht nämlich nie alleine für sich da, sondern wird in Verbindung mit dem Einsatz für Gerechtigkeit gebracht. Auch Jesus lebte eine Spiritualität der Konfliktfähigkeit. Es ist eine Spannung, die er uns in seiner Bergpredigt zumutet: größte Konfliktbereitschaft, um Unrecht zu entlarven, damit echte Versöhnung eine Chance hat. Denn der „Versöhnungsprozeß in Form eines überstürzten Friedens sucht zu verhindern, den Ursachen des Leidens auf den Grund zu gehen. Ohne Offenlegung dieser Ursachen setzt sich das Leiden immer fort."[34]

Bei Dir spüre ich diese Spannung auch. Einerseits stehst Du schwere, innerliche Kämpfe aus, wirst sogar zunächst krank und handlungsunfähig – wie gut ich das kenne! – um Dich dann zu gegebener Zeit energisch für Deine und die Rechte der andern zu exponieren. So wagst Du Dich in den Kapitelsaal der Benediktiner und schreist ihnen zu: *„Ihr seid die schlimmsten Räuber!"*[35] und gibst nicht nach, bis ihr selbst über Euer frischgebautes Kloster verfügen könnt. Deine kämpferische Stimme ist auch in der Öffentlichkeit zu hören. Zum Erstaunen aller wagst Du Dich als Frau auf die Marktplätze von Mainz, Würzburg, Trier, Köln und bringst in engagierten Predigten Deine Zeitkritik vor. Du mischst Dich in den Investiturstreit zwischen Papst und Kaiser ein und wirst zur prophetischen Mahnerin. Deine mystischen Schöpfungserfahrungen führen Dich nicht in eine elitäre Weltflucht hinein, sondern bewegen Dich noch als sechzigjährige Äbtissin zu beschwerlichen Reisen zu Pferd, mit dem Schiff und zu Fuß. Du wehrst Dich energisch gegen die Katharer, die Reinen. Ihr Aufruf zu rigoroser Enthaltsamkeit und einer Welt ohne Sexualität trifft Dich in die Mitte Deiner bejahenden Schöfpungsspiritualität. Gegen ihre fundamentale Weltverachtung und radikale Askese, die viele Leute, besonders Frauen, anzog, predigst Du mit deutlichen Worten:

„Denn der Teufel ist bei diesen Leuten ... So werden sie sich nach außen, vor den Menschen, in aller Heiligkeit darstellen und spöttisch sagen: ‚Die andern, die vor uns die Keuschheit besitzen wollten, dörrten wie gebratener Fisch. Uns aber wagt keine Besudelung des Fleisches und der Begierlichkeit anzutasten, denn wir sind heilig und vom Heiligen Geist durchströmt.' ... Auf diese Weise angeln sie sich die Weiber und fangen sie in ihren eigenen Irrtum ein. Im Hochmut ihres aufgeblähten Geistes behaupten sie: ‚Wir übertreffen alle.' Und hinterher treiben sie doch insgeheim mit jenen Weibern Wollust."[36]

Mich beeindruckt, daß Du nicht nur vordergründig diese Sekte angreifst, sondern nach den Wurzeln ihrer Anziehungskraft für so viele Menschen suchst. Da wirst Du noch unbequemer und greifst die unglaubwürdigen Kleriker öffentlich an und schiebst ihnen die Schuld zu: *„Die Magister und Prälaten haben die Gerechtigkeit Gottes verlassen und schlafen ... Und wegen eures ekelhaften Reichtums und Geizes sowie anderer Eitelkeiten unterweist ihr eure Untergebenen nicht.“*[37] Mit Deinen Worten hältst Du uns allen, die wir uns mit einer verbürgerlichten Religion arrangiert haben, den Spiegel hin. Zugleich zeugt Dein großer Briefwechsel mit vielen Ordensleuten und andern suchenden Menschen von Deinem Wohlwollen und Deiner einfühlsam-fordernden Begleitung von Menschen.

Ich weiß, Du bist keine Revolutionärin, Du verteidigst die Kirche und ihre Hierarchie und kannst – aus mir unverständlichen Gründen – von der schwachen Frau sprechen, die zum Manne aufblickt, um sich von ihm versorgen zu lassen. Das sind Worte, die vielen Deiner selbstbewußten Taten widersprechen. Und doch sehe ich in Deinem Kampf, den Aufruf und die Ermutigung, vermehrt für eine menschenfreundlichere Kirche aufzutreten und ungerechte Machtballung zu entlarven. Du erinnerst mich, daß es ohne Konflikte keine Parteinahme für eine schöpferische Lebensqualität geben wird. Weil Du darum weißt, wehrst Du Dich gegen eine übertriebene Askese und feierst immer wieder das Leben, legst im Kloster Wert auf eine herzliche Atmosphäre, läßt an Festtagen die Schwestern weiße Seidenschleier, goldene Ringe und golddurchwirkte Kränze auf den offenen Haaren tragen. Deine Schöpfungsverbundenheit läßt Dich den Menschen gegenüber jene Großzügigkeit zeigen, die durch den Schöpfer selbst jeden Tag neu erfahrbar wird. Dieses Vertrauen führt Dich zu einer entschiedenen Gelassenheit, die Du mir weitergibst, wenn Du meine allzu hohen Ansprüche relativierst: *„Denke aber daran, daß du ein irdischer Mensch bist, und fürchte dich nicht so sehr, denn Gott sucht nicht immerzu Himmlisches in dir.“*[38] Auch dafür bin ich Dir dankbar, und bleibe Dir herzlichst verbunden

Pierre

ANMERKUNGEN

[1] Vgl. Deuteronomium 30,19: *„Leben und Tod lege ich dir vor, Segen und Fluch. Wähle also das Leben, damit du lebst, du und deine Nachkommen.“*

[2] Verstanden im ursprünglich-griechischen Wortsinn: mitleiden. Vgl. auch „Maria ist eine Sympathisantin“, in: Dorothee Sölle: Sympathie. Theologisch-politische Traktate, Stuttgart (Kreuz) 1978, 56–61.

[3] Buch der Gotteswerke (Liber Divinorum Operum), zitiert nach: Hildegard von Bingen, herausgegeben und eingeleitet von Heinrich Schipperges, Olten (Walter „Zeugnisse mystischer Welterfahrung“) 1983, 147.

[4] Hildegard von Bingen: Scivias – Wisse die Wege. Eine Schau von Gott und Mensch in Schöpfung und Zeit, Freiburg i. Br. (Herder-Spektrum 4115) 1992, 277.

[5] Vgl. Christian Feldmann: Hildegard von Bingen, Nonne und Genie, Freiburg i. Br. (Herder) 1991, 221–226. Eine empfehlenswerte, gründliche und spannende Hildegard-Biographie.

[6] Buch der Gotteswerke, zitiert nach H. Schipperges: a.a.O., 112.

[7] Ebd., 37.

[8] Hildegard von Bingen: Scivias, 120.

[9] Hildegard von Bingen: Welt und Mensch, zitiert nach Matthew Fox: Der große Segen. Umarmt von der Schöpfung. Eine spirituelle Reise auf vier Pfaden durch sechsundzwanzig Themen mit zwei Fragen, München (Claudius) 1991, 69.

[10] Ebd., 69,104.

[11] Mahatma Ghandi: Handeln aus dem Geist, ausgewählt und eingeleitet von Gertrude und Thomas Sartory, Freiburg i. Br. (Herderbücherei „Texte zum Nachdenken“ 632) 1977, 116.

[12] Briefwechsel, zitiert nach Christian Feldmann: a.a.O., 47–48.

[13] Vgl. Sudbrack Josef: Mystik im Dialog. Christliche Tradition, Ostasiatische Tradition, Vergessene Tradition, Würzburg (Echter) 1992, 120.

14 Marie-Theres Beeler, Lisianne Enderli: Bilder-Sturm. Dynamische Symbole in feministischer Sicht, Luzern/Stuttgart (Rex: Theologie konkret, Bd. 5) 1993, 15.

15 Vgl. Hildegard von Bingen: Heilwissen (Herder-Spektrum Band 4050) 1991 und Heilkraft der Natur – Physica (Herder-Spektrum 4159) 1993.

16 Christian Feldmann: a.a.O., 121.

17 Hildegard von Bingen: Scivias, a.a.O., 133.

18 Matthew Fox: Vision vom Kosmischen Christus. Aufbruch ins dritte Jahrtausend, Stuttgart (Kreuz) 1991, 35, 166.

19 Lieder (Carmina) zitiert nach H. Schipperges: a.a.O., 65.

20 Buch der Lebensverdienste, zitiert nach H. Schipperges: a.a.O., 178–179.

21 Lieder, zitiert nach H. Schipperges: a.a.O., 139.

22 Juliana von Norwich: zitiert nach Fox Matthew: Der große Segen, a.a.O., 53.

23 Zitiert nach Dorothee Sölle: Lieben und arbeiten. Eine Theologie der Schöpfung, Stuttgart (Kreuz) 1985, 34.

24 Vgl. Mechtild von Magdeburg: Ich tanze, wenn Du mich führst, ausgewählt, übersetzt und eingeleitet von Margot Schmidt, Freiburg i. Br. (Herderbücherei: „Texte zum Nachdenken" 1549) 1988.

25 Christian Feldmann: a.a.O., 146.

26 Heilkunde (Causae et Curae), zitiert nach H. Schipperges: a.a.O., 154.

27 Briefe, zitiert nach Ch. Feldmann: a.a.O., 147.

28 Judith Plaskow: Und wieder stehen wir am Sinai. Eine jüdisch-feministische Theologie, Luzern (Edition Exodus) 1992, 224.

29 Anselm Grün: Ehelos – des Lebens wegen, Münsterschwarzach (Vier-Türme-Verlag, Münsterschwarzacher Kleinschriften Band 58) 1989, 29.

30 Dorothee Sölle: Lieben und arbeiten, a.a.O., 181–182.

31 Buch der Lebensverdienste, zitiert nach H. Schipperges: a.a.O., 162.

32 Vgl. Kurt Ruh: Geschichte der abendländischen Mystik, Band I: Die Grundlegung durch die Kir-

chenväter und die Mönchstheologie des 12. Jahrhunderts, München (C.H.Beck), 1990, 14: „Hildegard steht indes weder in einer mystischen Tradition, noch hat sie eine solche bewirkt." Dagegen wehrt sich zurecht Josef Sudbrack. Vgl. Josef Sudbrack: Mystik im Dialog, a.a.O., 119, und ders.: Mystik. Selbsterfahrung – Kosmische Erfahrung – Gotteserfahrung, Mainz/Stuttgart (Matthias-Grünewald/Quell) 1988, 49/50: „Das zeigt aber auch die Art ihrer Mystik, die man ,klassisch': ,Mystik der geistlichen Sinne' nennen kann: Hildegard erfährt nicht in leerer Abstraktheit, sondern in sinnenhafter Dichte ... Damit meint sie in christlicher Tradition die ,geistlichen Sinne'."

[33] Vgl. Edward Schillebeeckx (Hrsg.): Mystik und Politik. Theologie im Ringen um Geschichte und Gesellschaft – Johann Baptist Metz zu Ehren, Mainz (Matthias-Grünewald) 1988, 12: Mystik und Politik stehen sich „unversöhnt gegenüber und ihre Dialektik zeigt sich praktisch: Solange Gott nicht ,alles in allem' ist, kann Mystik nichts anderes als der Schrei des gottfernen Leidens in der Welt sein und die Art, ihm Gehör, Sichtbarkeit, Anschaulichkeit und herausfordernde, eben ,politische' Gestalt zu geben."

[34] Robert J. Schreiter: Wider die schweigende Anpassung. Versöhnungsarbeit als Auftrag und Dienst der Kirche im gesellschaftlichen Umbruch, Luzern (Edition Exodus) 1993, 38–39.

[35] Christian Feldmann: a.a.O., 63.

[36] Ebd., 141–142.

[37] Ebd., 204.

[38] Ebd., 88.18, Buch der Lebensverdienste (Liber Vitae Meritorum), zitiert nach Matthew Fox: Die Vision vom kosmischen Christus.

Krise als Weg zur Gottesgeburt

Johannes Tauler (1300–1361)

Johannes Tauler kommt um 1300 in einer wohl-
habenden und angesehenen Straßburger Familie
zur Welt. Über sein Leben gibt es nur spärliche
historische Angaben. Zwischen seinem 13. und
15. Lebensjahr tritt er in den Dominikanerorden
in Straßburg ein, danach studiert er vermutlich
in Köln. Von 1329–1353 steht Straßburg wegen
der Exkommunikation von Kaiser Ludwig dem
Bayern durch Papst Johannes XXII. unter dem
päpstlichen Interdikt, und die Dominikaner ziehen nach Basel. Soviel man weiß, hat Johannes
Tauler keine Ämter innerhalb des Ordens. Er
wirkt vor allem als Prediger, 1342/43 in Basel,
danach ist er unterwegs zwischen Basel, Köln
und Straßburg. Ab 1347 bleibt er definitiv in
Straßburg und arbeitet bis 1361 als Seelsorger der
Dominikanerinnen, der Beginen und Dritt-
ordensschwestern. Seine beachtenswerten Predigten werden durch die Dominikanerinnen von St.
Nikolaus in Undis (Straßburg) schriftlich fixiert.

Zwei Ereignisse prägen sein Leben. Sehr wahr-
scheinlich hörte und sah er Meister Eckhart in
Straßburg und in Köln. Sicher konnte er seine
Schriften und Predigten nachlesen. Meister Eckharts Lehre von der Gottesgeburt im Menschen
macht er für die Seelsorge fruchtbar, indem er
sich bemüht, die Extreme Eckharts, der ja verur-
teilt wurde, zu vermeiden. Das zweite Ereignis
führt ihn zu seiner eigentlichen Umkehr. Mit 40
Jahren gerät er in eine große Krise, weil eine nicht
organisierte Vereinigung von Laien und Priestern
im Elsaß, die sich „Gottesfreunde" nennen, ihm
vorwirft, er lebe nicht nach der Wahrheit. Diese
fundamentale Infragestellung seines Lebens läßt

ihn über längere Zeit verstummen und führt ihn zu mystischen Erlebnissen, die er danach in seinen Predigten entfaltet:

Die Krise ist eine Chance, damit Gott in mir neu geboren wird. Sie ist eine Herausforderung, um Selbsterkenntnis, Gelassenheit und Abstieg in den eigenen Abgrund einzuüben und zu leben. Durch diese mystische Lebenserfahrung wird er zum einfühlsamen Begleiter und Seelsorger. Er stirbt, wie es auf der Grabplatte in der evangelischen „Neuen Kirche" in Straßburg zu lesen ist, am 16. Juni 1361.

Lieber Johannes Tauler,

ein Freund hat mich auf Dich aufmerksam gemacht. Ich bin in eine Krise geraten und bin verunsichert, wie ich mein Leben weiterhin gestalten soll. Ich habe ein rechtes Stück Boden unter den Füßen verloren. Was mich bis jetzt getragen hat, trägt nicht mehr, und Neuland ist noch wenig in Sicht. Lange kämpfte ich wie wild, um dieser Spannung auszuweichen. Erschreckend war für mich die Entdeckung, daß unser hochstilisiertes Leistungsprinzip meine Gottesbeziehung viel mehr geprägt hat, als ich wahrhaben wollte. *Wer glaubt und vertraut, kommt nicht in eine fundamentale Krise*, war einer jener erdrückenden Gedanken.

In dieser schwierigen Situation hat mir ein Freund erzählt, daß Du Krisen als Chancen siehst, um zu mehr Selbsterkenntnis zu gelangen und um im tiefsten, eigenen Abgrund zu erahnen, wie in dieser Leere Gott neu geboren wird. So bin ich auf die Suche gegangen nach Deinen Predigten und wollte wissen, wie Du in eine Krise geraten bist. Ich staunte sehr, als ich erfuhr, wie auch bei Dir ein Stück Welt zusammengebrochen ist. Du warst ein berühmter und erfolgreicher Prediger. Eines Tages saß jemand, der zur Bewegung der Gottesfreunde[1] gehörte, unter der Kanzel. Er hatte sich schon einige Deiner Predigten angehört. In einem Gespräch unter vier Augen warf er Dir vor, ein „Pharisäus" zu sein, der nicht nach der Wahrheit lebe. Du hast Dich sofort dagegen gewehrt, doch dieser Angriff hat Dir schwer zugesetzt. Diese Erfahrung ließ Dich verstummen, Du konntest nicht mehr predigen und gerietst in eine „Krise in der Lebensmitte". Obwohl ich mich nicht mit Dir vergleichen will, so hat mich doch Deine Geschichte an einen der Auslöser meiner

Krise erinnert. Nach langjährigem Engagement in der Jugendarbeit wurde ich von konservativen Kreisen angegriffen, und sie schrieben öffentlich in der Zeitung, daß ich nicht mehr im Geiste des II. Vatikanischen Konzils arbeite. Auch ich wehrte mich sofort und meinte über diesem Angriff zu stehen. Der Konflikt spitzte sich zu, als ich durch den Nuntius einen sechsseitigen Brief der Kongregation für die Glaubenslehre erhielt, in dem mir „die doktrinalen Vorbehalte" gegen zwei meiner Bücher mitgeteilt wurden. Nebst vielen ungelösten persönlichen Fragen, die damals aufbrachen, traf mich dieser Konflikt sehr. Dieses Ereignis warf mich auf mich selbst zurück und löste in mir eine Fülle von Zweifeln und Verunsicherungen aus. Zugleich spürte ich in mir den Anspruch, gelassener mit solchen notwendigen Konflikten umzugehen. Doch gelang mir das selten.

Während dieser Zeit entdeckte ich bei Dir die Thematisierung der Krise in der Lebensmitte.[2] Wenn ich unter diesem Gesichtspunkt Deine Predigten lese, meine ich manchmal, Du hättest sie nur für mich geschrieben. Allein schon diese Erfahrung zeigt mir, was für ein einfühlsamer Seelsorger Du warst.[3] Seither spüre ich eine besondere Verbundenheit mit Dir, und es ist mir ein Bedürfnis, Dir mitzuteilen, wie mich Deine Spiritualität bestärkt und herausfordert.

* * *

Es ist für mich eine Wohltat, in Deiner Predigt zu Lukas 5,1–11 zu lesen, daß die Krise die Möglichkeit in sich birgt, sich selbst und Gott neu zu erfahren. Im Evangelium ist von den Jüngern die Rede, die die ganze Nacht erfolglos gefischt haben und es im Vertrauen auf Jesus nochmals versuchen. In Deiner Auslegung finde ich vieles, was ich erlebe. Du schilderst, wie einem verunsicherten Menschen vieles entfällt, was ihm bis jetzt wichtig war:

„Das alles dünkt ihn nun grob und wird von da ausgetrieben, so daß es ihm nicht mehr zusagt und er nicht dabeibleiben kann, und das will er [auch] nicht; was ihn aber anzieht, das besitzt er nicht; und so befindet er sich zwischen zwei einander widerstreitenden Richtungen und ist in großem Weh und großer Drangsal."[4]

Genau das erfahre ich. Während gut zwanzig Jahren war ich sehr engagiert. Ein Engagement, das mich erfüllt hat und mir vieles ermöglicht hat. Zugleich kam ich mit meinen Bedürfnissen immer ein wenig zu kurz. Um ehrlich zu sein, ich flüchtete auch oft in meine Arbeit. Ich hatte wenig Zeit für mich und versuchte verständnisvoll zu fragen, was wohl für die andern gut sei. Vom Liebesappell Jesu „Liebe deinen Nächsten wie dich selbst!" hörte ich vor allem den ersten Teil. In den letzten Jahren gingen mir die Kräfte aus, was ich lange nicht wahrhaben wollte. Meine Ideale brachen zusammen. Kurzum: „Was bin ich, wenn ich keine Leistung mehr erbringe?" war und ist meine neue brennende Lebens- und Glaubensfrage. Du begegnest dieser Frage mit einer schwierigen Zumutung:

„Bleibe allein mit dir selber, lauf nicht fort, ertrag dein Leiden bis zum Ende, und suche nichts anderes! So laufen etliche Menschen, die in dieser inneren Armut stehen, weg, und suchen immer nach etwas anderem, womit sie der Drangsal entgehen können. Das ist gar schädlich. Oder sie beklagen sich und fragen die Lehrmeister und werden [dadurch] nur noch mehr verwirrt. Halte dich in dieser Not frei von Zweifel: nach dem Dunkel kommt der helle Tag, der [lichte] Sonnenschein."[5]

Oft habe ich diese Zeilen in den letzten Monaten gelesen, und sie haben in mir je nach Stimmung ganz verschiedene Gefühle ausgelöst: Zustimmung, Ermunterung, Wut, Ohnmacht, Überforderung, Vertrauen. Allein mit mir selbst bleiben!? Du sagst das so leicht. Eine Zumutung! Dieser Anspruch ist sehr schwer zu erfüllen, und er erinnert mich an einen Gedanken von Blaise Pascal: „Das Unglück des Menschen beginnt damit, daß er unfähig ist, mit sich allein in einem Zimmer zu sein."

Am Anfang meiner Sabbatzeit habe ich es fast nicht ausgehalten in der Stille. Am schlimmsten war es dann in Jerusalem, als ich keine Post und keine Telefonate mehr erhielt und mich scheinbar niemand mehr brauchte. Ich versuchte, nicht mehr vor mir selbst fortzulaufen und mich mir und meiner Geschichte, das heißt auch den dunklen Seiten zuzuwenden. Du gibst zum Glück selbst zu, daß dies sehr schwierig sein kann: *„Ihr wendet euch äußeren Dingen zu, und des leidigen Lärmes ist dann viel. Wir sind unstete Wesen, ich und ihr, ihr und ich, beweglich und unbeständig."*[6] Der Weg, den Du vorschlägst, geht von außen nach innen, auch in die eigenen Abgründe. Du nennst das Läuterung und Selbstverleugnung. Worte, mit denen ich mich sehr schwer tue. Bis heute werden sie mißbraucht, um brave, angepaßte Menschen aus uns zu machen. Ich weiß, daß Du Dich dagegen wehrst. Denn Du traust uns Menschen Selbsterkenntnis zu, die sich jedoch nur entfalten kann, wenn wir in der Stille und in der Auseinandersetzung mit andern den tieferen Gründen unseres Verhaltens nachgehen. Dazu braucht es auch eine gute Begleitung und Freunde, die an mich glauben, wenn ich wenig Kraft dazu habe. Menschen, die dem Leid nicht ausweichen, die Ohnmacht aushalten und da-

durch helfen, durch diesen Prozeß hindurchzu-
gehen. Zu diesem schmerzhaften Prozeß ermutigst Du aus eigener Erfahrung mit der Verheißung, daß da Gott selbst am Werk ist:

„Hüte dich, wie wenn es um dein Leben ginge,
davor, daß du auf nichts anderes verfällst, son-
dern harre aus! Wahrlich, wenn du dabeibleibst,
so ist die Geburt [Gottes in dir] nahe und wird in
dir vor sich gehen. Und glaubet mir auf mein
Wort, daß keine Drangsal im Menschen entsteht,
es sei denn Gott wolle eine neue Geburt in ihm
herbeiführen.“[7]

Ich versuche diesen Worten zu trauen, denn
ich bringe die Verheißung der Geburt Gottes in
mir mit der Zusage in Verbindung, lebendiger
werden zu können. Manchmal gelingt es mir,
manchmal fliehe ich vor diesem Weg, weil die
Angst vor dem Sprung in den tiefen Brunnen
meines Inneren zu groß ist. Meistens kann ich
erst im Nachhinein erahnen, daß sich in mir etwas gelöst hat und dadurch Neues entstanden
ist. Erst jetzt beim Schreiben dieser Zeilen spüre
ich zum Beispiel neue Kraft, die ich dank der
Zeit der Stille in Israel schöpfen konnte. Ich bin
dankbar dafür, obwohl noch so vieles brüchig in
mir ist und ich Deinen klaren Appell zur Unter-
scheidung der Geister auch weiterhin ernst nehmen möchte: *„Und nun prüfe dich: wenn dir ein*
Geschöpf diese Drangsal abnimmt, es sei wer im-
mer, ist es mit der Gottesgeburt in dir vorbei.“[8]
Du verstärkst damit die Stimme derer, die die
Mitarbeiterinnen und Mitarbeiter im kirchlichen
Dienst – trotz oder gerade wegen der zunehmen-
den Forderungen – zu einer „Pastoral der Leere“[9] ermutigen: „Ich möchte die Priester ermutigen, sich nicht grenzenlos immer neue Aufgaben
aufladen zu lassen, sondern ab einer gewissen
Grenze, die jeder selbst zu bestimmen hat,

Widerstand zu leisten und nein zu sagen. Mit Herzinfarkten und Verkehrsunfällen ist dem Gottesvolk wenig geholfen. Jede spirituelle Überhöhung ist eine Unverschämtheit. Die christliche Kreuzesmystik darf nicht derart verkleinert werden, daß sie für das Aushalten hausgemachter Notstände herhalten muß."[10] Auch Dir geht es nicht darum, Leiden zu suchen, sondern ihnen nicht auszuweichen und darin, eine Chance zur Veränderung zu sehen. Denn all jene, die zu schnell sagen: „Es ist nicht so schlimm; wenn jede und jeder sich soviel Zeit für sich nehmen würde; frag nicht zuviel ...", verhindern den inneren Heilungsprozeß.

Im Moment befinde ich mich genau auf dieser Gratwanderung, und ich versuche zu überprüfen, welchen Stimmen ich Gehör verleihen soll. Dabei merke ich, daß es nicht genügt zu wissen, was mich geprägt hat und mehr auf die leistungsbezogene Seite in mir zu achten. *„Denn damit, daß man die Wahrheit erkennt, besitzt man sie noch nicht."*[11] Es genügt nicht zu wissen, sondern es ist notwendig, ganzheitlich einen inneren Prozeß wachsen zu lassen, indem ich auch gefühlsmäßig den Weg in die Tiefe wage. Dies braucht viel Wohlwollen mir selbst gegenüber, das mir oft fehlt, weil ich ein Draufgänger bin und Probleme schnell anpacken und lösen will. Du stellst dagegen einen anderen Wert in den Vordergrund: die Grundhaltung, mit Gelassenheit Vertrauen in den eigenen Prozeß zu gewinnen. Welch eine Herausforderung für mich!

* * *

Ja, „Gelassenheit, Demut, Leersein, Sanftmut, Hingabe" sind Worte, die Du oft verwendest in Deinen Predigten. Sie lösen bei mir zwiespältige

Gefühle und Gedanken aus. Wenn jemand diese Worte gebraucht, schafft das bei mir zuallererst Mißtrauen. Sie sind vorbelastet, weil sie mißbraucht worden sind, um uns Menschen klein zu halten, um aus uns Kopien und nicht Originale werden zu lassen. Deine Wegerfahrungen zur eigenen Mitte erweisen sich mir einerseits als schwierig, weil Du in einer ganz anderen Zeit gelebt hast und ich viele Deiner theologischen Ausführungen nicht mehr nachvollziehen kann. Zugleich finde ich bei Dir Worte, die mich aufhorchen lassen. Sie künden Postulate an, um die wir bis heute kämpfen. Du predigst meistens zu Ordensschwestern und ermutigst sie zum ur-eigenen Weg: *„Es genügt, daß sie die heilige Regel beobachten wollen, soweit sie das vermögen, und daß sie die Absicht haben, das zu tun; vermögen sie es aber nicht, daß sie sich davon befreien lassen."*[12]

Deine Worte werden zur Provokation, zur Aufforderung, den Menschen ins Zentrum zu stellen, den mündigen Menschen, der seinem Gewissen folgt und sich gegebenenfalls auch gegen Gesetze und Regeln stellt – ganz im Sinne der Praxis Jesu, die den Menschen über den Sabbat stellt. Beim Meditieren Deiner Worte spüre ich eine große Sehnsucht in mir: die Sehnsucht, daß mein Weg durch die Krise in mir neue Kräfte wecken möge, damit ich mich von Fremdbestimmung befreien kann und meine Stimme klarer und ehrlicher gegen die Unterdrückung, Diskriminierung und Ausbeutung von Menschen erheben kann. Als erfahrener Menschenkenner weißt Du aber auch, daß Deine Worte mißverstanden werden können. Es gehört wohl auch zu diesem Selbstwerdungsweg, um sich selbst zu kreisen und sich im Selbstmitleid zu verlieren, das Ziel ist es nicht: *„Denn in dieser kranken*

Zeit will keiner sich selbst wehe tun; und die Menschen sind in sich selbst verliebt."[13] Mit Deiner Ermunterung dazu, ganzheitliches Loslassen einzuüben, wird es ein Weg, der in die Tiefe führt und echte Begegnungen ermöglichen wird.

* * *

Aus eigener Erfahrung weißt Du, daß viele Mechanismen, Gewohnheiten und Ängste verhindern, daß wir in Kontakt mit unserem Selbst treten. Nur der Mensch kommt zu sich selbst, der bereit ist, sich anzuvertrauen und loszulassen, damit Erstarrtes aufbrechen kann.

„Woher, glaubt ihr wohl, kommt das, daß der Mensch auf keine Weise in seinen Grund gelangen könne? Das kommt daher, daß so manche, dicke, schreckliche Haut darüber gezogen ist, ganz so dick wie eine Ochsenstirn: die haben ihm seine Innerlichkeit verdeckt, daß weder Gott noch er selber da hineingelangen kann: der Eingang ist verwachsen. Wisset, manche Menschen können dreißig oder vierzig solcher Häute haben, dick, grob, schwarz, wie Bärenhäute."[14]

Lange Zeit brauchte ich, um mir einzugestehen, daß auch ich damit gemeint bin. Ich habe gelernt, viele Gefühle zurückzuhalten, weil ich meinte, ich müßte immer stark sein. Auch nahm ich mir zu wenig Zeit, um die vielen intensiven, freudigen und schmerzvollen Erlebnisse zu vertiefen. Es hatten sich in mir „Betonschichten" gebildet, die es mir nicht erlaubten zu weinen. Je mehr ich es wollte, um so weniger gelang es mir. Eine schmerzvolle Erfahrung, die meine Ideale sehr stark in Frage stellte. Ich war wirklich der festen Überzeugung, daß es sehr gut sei, wenn ich immer Zeit für andere hätte und Menschen bei mir rund um die Uhr anrufen konnten. Ehrlich gesagt, es schmeichelt mir, wenn andere mir ihr Vertrauen schenken. Zu wenig fragte ich mich, wo ich selbst mich Menschen anvertrauen und wo ich Orte zum Auftanken finden konnte. In unserer Ausbildungsgruppe im Sozialtherapeutischen Rollenspiel war es für mich sehr befreiend, mit andern Männern zu entdecken, daß diese „Allmachtshaltung" viel mit unserem Mannsein zu tun hat. Und als Priester wird diese Rolle des unermüdlichen Einzelkämpfers zusätzlich verstärkt.

Heute suche ich nach Verbündeten, die mir helfen, eine neue Identität als Mann zu finden. Auch Du hilfst mir, das Bild und die Rolle des Mannes zu verändern.[15] Als sensibler und kämpferischer Mensch zeigst Du mir die Richtung auf. Du weinst in aller Öffentlichkeit[16] und machst Mut, die Angst zu überwinden, sich in den eigenen Abgrund zu wagen, weil Gott selbst in jenem Mann von Nazareth diesen Weg wagte.[17] Du bist fest überzeugt, daß sich der Mensch zum Guten verändern kann, wenn er bereit ist, sich auf seinen eigenen Grund einzulassen und zu verlassen.

* * *

Ich hoffe, daß ich Dich richtig verstehe, daß das Ziel der Gelassenheit kein frommer, schwärmerischer Wunsch ist, sondern sich in einer Lebenshaltung des Loslassens verwirklichen läßt, wie sie in der gesamten mystischen Tradition immer wieder beschrieben wird.

Wie andere Mystikerinnen und Mystiker beschreibst Du drei Phasen, die zu diesem Prozeß gehören:

1. Die Welt, das „Haben-Lassen": nicht die Schöpfung verneinen, sondern sich freuen an all dem Schönen, ohne davon abhängig zu sein.

2. Mich selbst lassen: hineinwachsen in das Urvertrauen, mich verändern zu können, wenn ich
bereit bin loszulassen: meine festgefahrenen
Vorstellungen, meine Vorurteile, meine Bilder
von andern. All-tägliches Sterben einüben, damit mir neues Leben geschenkt wird.
3. Gott sein lassen: Vorstellungen und Bilder von
Gott loslassen, Schweigen in der Stille, Gott
neu erfahren als den nahen Unbegreiflichen.[18]

Diese Kunst des Loslassens fällt mir schwer, und
es wird meine Lebensaufgabe sein, gelassener zu
werden. Ich will es versuchen im Bewußtsein,
daß es auf zweifache Weise geschieht: „durch ein
Gottsuchen und durch ein Gotterleiden ... Die
innere Gottsuche geschieht im Grunde der Seele.
Voraussetzung dafür ist eine wesentliche Umkehr ... Diese ist mehr das Werk Gottes als das
Werk des Menschen. Darum muß der Mensch
lernen, Gott zu erleiden.“[19]

Gott ist nicht zu haben, sondern immer im Wer-
den. Darum wühlt mich Deine Ermutigung zur
Gelassenheit auf und spricht mich zugleich an.
Es geht um ganz neue Grundhaltungen in mei-
nem Leben, meiner Arbeit, meinen Beziehungen.
Es geht um meine tiefste Sehnsucht: mich so an-
zunehmen, wie ich jetzt bin und mit all dem
Schwierigen, das mir widerfahren ist im Leben.
Denn der Abstieg in den tiefen Abgrund, in dem
ich mir selbst entgleite, birgt in sich eine große
Hoffnung, von der auch Pierre Teilhard de
Chardin spricht: „Und als ich meine Forschung
einstellen mußte, weil der Weg unter meinen
Schritten fehlte, lag zu meinen Füßen ein boden-
loser Abgrund, aus dem, ich weiß nicht woher
kommend, der Strom heraufkam, den ich wirklich *mein* Leben zu nennen wage.“[20] Diesen Strom
will ich neu entdecken und Abschied nehmen

von der Illusion, daß nur die guten Gefühle wie Freude, Glück, Frieden mich dahin führen werden. Nur wer sich dem Paradox des Lebens stellt, ist für Dich ein echter und kein oberflächlich-schwärmerischer Mensch. Du rufst auf, „den Frieden im Unfrieden" zu suchen, „Freude in der Trauer, Gelassenheit in Unbeständigkeit und Trost in Bitterkeit."[21] Ein entscheidender Gedanke, den ich auch beim Trappisten Thomas Merton finde: „Der Kern des menschlichen Daseins birgt ein Paradoxon in sich. Erst wenn der Mensch dies begreift, wird seine Seele dauerndes Glück finden."[22] Glück, das wir nicht haben können, sondern uns unerwartet geschenkt wird.

* * *

Selbsterkenntnis und Gelassenheit fördern die Geburt Gottes im Menschen. In Deiner Weihnachtspredigt fügst Du das Schweigen hinzu: *„Schweige! So kann das Wort dieser Geburt in dich gesprochen und es in dir vernommen werden ... Räumst du ihm deine Seele gänzlich ein, so erfüllt es dich ohne Zweifel ganz und gar: ebensoviel wie du ihm einräumst, so viel strömt seines Wesens in dich ein, nicht mehr und nicht weniger."*[23] Diese Gratwanderung in die eigene Tiefe führt zu einer Umkehr im Leben, die für jeden Menschen anders aussieht. Nebst der je persönlichen Erfahrung auf dem Weg in die eigene Tiefe gibt es Gemeinsamkeiten, wie wir sie bei fast allen Mystikerinnen und Mystikern finden. In Deinen Predigten begegnen wir dem bekannten, dreistufigen Weg:

1. Reinigungsweg: via purgativa
2. Einsichts- oder Erleuchtungsweg: via illumativa
3. Weg der Vereinigung: via unitiva.

Diesen Weg ergänzt Du auf dem Hintergrund Deiner persönlichen Geschichte mit folgenden Phasen:

1. Freude über die Gotteserfahrung (iubilatio)
2. Bedrängnis und Verunsicherung (getrenge)
3. Hineingenommen-Werden in das Leben Gottes (ubervart).[24]

Die letztgenannten Wegstrecken kann ich aufgrund meiner Geschichte besser mitvollziehen, und ich bringe sie in Verbindung mit Deiner Krise, die für Dich eine Chance ist, Gott ganz neu zu erfahren. Dir ist eine dynamische Gottesbeziehung wichtig und Du sprichst deshalb von der Gefahr, *„daß du einen erdachten und einen gemachten Gott hast, in deiner Weise, der aber gar nicht seinem Wesen entspricht"*[25]. Wie ein roter Faden zieht sich durch viele Deiner Predigten die Aufforderung, Bilder und Vorstellungen von Gott loszulassen: *„Denn Gott ist nichts von all dem, was du von ihm aussagen kannst: er ist jenseits aller menschlichen Vorstellung von Form, Wesen oder Gut. Er ist nichts von dem, was du von ihm erkennen oder aussagen kannst; er ist über all dem, was ein menschliches Verständnis begreifen kann, nicht hoch noch tief, weder so noch so, sondern weit über jeden menschlichen festumrissenen Begriff."*[26] Diese Überzeugung führt Dich auch in vielen Predigten, die Du den Ordensschwestern hältst, zu einer Kritik an einer selbstgerechten, äußeren Frömmigkeit. Mystik ist also niemals nur eine innere Erfahrung, die die bestehenden Verhältnisse bestätigt. Ganz im Gegenteil, es ist ein Ergriffensein, das alles Unechte aufdecken will und zu einem verantwortungsbewußten, persönlichen Glaubensweg führt, der gemeinsam gewagt werden kann.

Deine mystischen Glaubenserfahrungen drängen
Dich zur Reform der Kirche. Du scheust Dich
nicht, die brennenden Fragen auszusprechen, und
hältst Deinen Zuhörerinnen und Zuhörern einen
klaren Spiegel hin, wenn sie meinen, Gott auf
ihrer Seite zu haben, *„dadurch, daß sie große
äußere Werke verrichten, wie Fasten und Wa-
chen: sie beten viel, aber auf ihren Grund achten
sie nicht.“*[27] Überheblichkeit ist Dir zutiefst zu-
wider, und so wagst Du, auch jene anzugreifen,
die hohes Ansehen haben: *„Die andern, das sind
solche geistliche Leute, die in großem Ansehen
stehen und einen gar großen Namen besitzen und
weit über diese äußere Finsternis, so dünket sie,
hinausgekommen sind; in ihrem Grund aber sind
sie ... voll Eigenliebe und Eigenwillen und so recht
ihres Strebens eigener Gegenstand.“*[28] Du kriti-
sierst den Klerikalismus und bringst die Ämterfrage ins Gespräch, da nach Dir *„in geistiger Weise
also eine Frau dieses Opfer ebenso darbringen
kann wie ein Mann.“*[29] Du förderst eine glaubwürdige Spiritualität, die uns Menschen zur eigenen Mitte bewegt: Der Mensch *„soll sich in
sich selbst sammeln und in seinen inneren Grund
sich kehren mit [auf Gott] erhobenem Geist und
angespannten Kräften.“*[30] Eine Erfahrung, die mir
immer wichtiger wird. Ich hatte schon als Ju-
gendlicher Mühe, mehr als einen Psalm auf einmal zu beten. Denn die wenigen Worte erinnern
mich an soviele Menschen, daß ich bei ihnen, ihren Ängsten und Hoffnungen verweilen will. Oft
berührt mich ein Wort aus der Bibel so sehr, daß
ich nichts anderes mehr hören und sagen kann.
Auch beim Feiern der Eucharistie bin ich manchmal so betroffen, daß mir die Worte im Halse
stecken bleiben. Durch Dich werde ich ermutigt,

mehr zu meditieren, mich einzuüben im schweigenden Beten, denn *„durch die Übung kommt man zum Sein, denn fleißige Übung läßt uns das Ziel zuletzt nach Form und Sein erreichen. Sobald man merkt, daß man innerlich – bei Gott – oder äußerlich – bei den Menschen – Aufsehen erregen will, soll man sogleich sich niedersinken lassen in den allertiefsten Grund, schnell, unverzüglich; in dem Grunde entsinke dann in dein Nichts.“* [31]

Du lebst von der Verheißung, daß Gott *„zu aller Zeit, ohne Unterlaß in uns geboren“* [32] wird. Dies ereignet sich, wenn wir die *„Bilder bald fahrenlassen und mit flammender Liebe durch den mittleren in den allerinnersten Menschen hindurchdringen; dieser besitzt keine Tätigkeit, denn die Wirksamkeit in ihm ist allein Gottes.“* [33] Es ist die Hoffnung, eins zu werden mit Gott, wie dies Meister Eckhart schon in seiner ersten Predigt ausdrückt: *„Daß Jesus in uns komme und hinauswerfen und wegräumen möge alle Hindernisse und uns eins mache.“* [34] Von diesen Hindernissen sprichst Du oft, damit wir ehrliche, aufrechte Menschen werden können. Menschen, die auf die oft gestellte Frage nach dem Sinn des Lebens wie Dein Vorbild Meister Eckhart mit dem Leben selbst antworten: *„Wer das Leben fragte tausend Jahre lang: ‚Warum lebst du?‘ – könnte es antworten, es spräche nichts anders als: ‚Ich lebe darum, daß ich lebe‘. Das kommt daher, weil das Leben aus seinem eigenen Grunde lebt und aus seinem Eigenen quillt; darum lebt es ohne Warum eben darin, daß es [für] sich selbst lebt. Wer nun einen wahrhaftigen Menschen, der aus seinem eigenen Grunde wirkt, fragte: ‚Warum wirkst du deine Werke?‘ – sollte er recht antworten, er spräche nichts anders als: ‚Ich wirke darum, daß ich wirke‘.“* [35]

Du zeigst mir durch Deine Worte und vor allem durch Dein Ringen und Suchen, wie dieses Handeln aus der Tiefe möglich wird. Daß Du in diesem Engagement die schmerzlichen und sensiblen Seiten miteinbeziehst, läßt mich mit Dir in meinem Ringen und Hoffen verbunden bleiben. Ich weiß mich nun als Mann nicht mehr alleine mit all meinen vielen Bedürfnissen und Fragen, und ich werde auch andere Männer auf Dich aufmerksam machen. Auf Deine Antwort warte ich gespannt. In der Zwischenzeit bin ich Dir solidarisch verbunden

Pierre

ANMERKUNGEN

[1] Vgl. Walter Nigg: Das mystische Dreigestirn. Meister Eckhart, Heinrich Seuse, Johannes Tauler, Zürich (detebe 21933) 1990, 100–103.

[2] Vgl. I. Weilner: Johannes Taulers Bekehrungsweg. Die Erfahrungsgrundlagen seiner Mystik (Studien zur Geschichte der katholischen Moraltheologie, Band 10) Regensburg 1961. Zusammengefaßt in: Anselm Grün: Lebensmitte als geistliche Aufgabe, Münsterschwarzach (Vier-Türem-Verlag, Münsterschwarzacher Kleinschriften Band 13) 1980.

[3] Die Dominikanerin Christine Ebners nennt Johannes Tauler: „Gottes liebster Mensch auf Erden". Vgl. Walter Nigg: Das mystische Dreigestirn, a.a.O., 91.

[4] Johannes Tauler: Predigten. Vollständige Ausgabe übertragen und herausgegeben von Georg Hofmann, Freiburg i.Br. (Herder) 1961, 309.

[5] Ebd., 310.

[6] Ebd., 242.

[7] Ebd., 310.

[8] Ebd., 310.

[9] Ottmar Fuchs: Dableiben oder Weggehen? Christen im Konflikt mit der Kirche, München (Kösel) 1989, 127. Die schwierige Situation in der Kirche, zum Beispiel die Ämterfrage, fordert jene, die bleiben, auf, nicht noch mehr zu tun, sondern sich viel Zeit „zur Leere", zum Auftanken zu nehmen.

[10] Ottmar Fuchs: Ämter für eine Kirche der Zukunft. Ein Diskussionsanstoß, Luzern (Edition Exodus) 1993, 142.

[11] Johannes Tauler: Predigten, a.a.O., 442.

[12] Ebd., 448.

[13] Ebd., 402

[14] Ebd., 388.

[15] Ich hoffe, daß die Mystiker in der Männerbewegung noch mehr entdeckt werden. Folgende Bücher halfen mir nebst der Auseinandersetzung mit Männern zu einem neuen Bewußtsein: Richard Rohr: Der wilde Mann. Geistliche Reden zur Männerbefreiung, München (Claudius) 5. Aufl. 1987. Robert Bly: Eisenhans. Ein Buch über Männer, München

(Kindler) 1990: Umstritten. Sam Keen: Feuer im Bauch. Über das Mann-Sein, Hamburg (Kabel) 1992. Robert Moore, Douglas Gillette: König, Krieger, Magier, Liebhaber. Die Stärken des Mannes, München (Kösel) 1992. MannsBilder. Von Männern, Gesammelt von Lutz-W. Wolff, München (dtv 11721) 1993. Jorgos Canacakis: Ich sehe Deine Tränen. Trauern, Klagen, Leben können, Stuttgart (Kreuz) 1987.

[16] Walter Nigg: Das mystische Dreigestirn, a.a.O., 101.

[17] Vgl. „Der Abgrund im Abgrund": Göttliche Kenosis (Phil 2,6ff), in: Johannes Tauler: herausgegeben eingeleitet und übersetzt von Louise Gnädinger, Olten (Walter „Zeugnisse mystischer Welterfahrung") 1983, 48–53.

[18] Vgl. Dorothee Sölle: Die Hinreise. Zur religiösen Erfahrung – Texte und Überlegungen, Stuttgart (Kreuz) 1975, 103–118.

[19] Vgl. Josef Zapf: Die Geburt Gottes im Menschen nach Johannes Tauler, in: Wolfgang Böhme (Hrsg.): Zu Dir hin. Mystische Lebenserfahrung von Meister Eckhart bis Paul Celan, Frankfurt a. M. (Suhrkamp Tb 1765) 1990, 78–90, hier 85.

[20] Pierre Teilhard de Chardin: Das göttliche Milieu. Ein Entwurf des Innern Lebens, Zweiter Band der Werke von Teilhard de Chardin, Olten (Walter) 8. Auflage 1979, 72.

[21] Johannes Tauler: Predigten, a.a.O., 145.

[22] Thomas Merton: Der Berg der sieben Stufen. Die Autobiographie eines engagierten Christen, Zürich (Benzinger) 8. Auflage 1990, 177.

[23] Johannes Tauler: Predigten, a.a.O., 17.

[24] Johannes Tauler: nach Gnädinger, a.a.O., 36–39.

[25] Johannes Tauler: Predigten, a.a.O., 555.

[26] Ebd., 419.

[27] Ebd., 46.

[28] Ebd., 70.

[29] Ebd., 326.

[30] Ebd., 298.

[31] Ebd., 390.

[32] Ebd., 14.

[33] Ebd., 512.

[34] Zitiert nach Josef Sudbrack, Wulf Ligges: Das wahre Wort der Ewigkeit wird in der Einsamkeit gesprochen. Meister Eckharts Seinsmystik und die Erfahrung der Wüste, Würzburg (Echter) 1989, 66.

[35] Meister Eckhart: Predigten a.a.O., 180.

Je mystischer,
desto menschenfreundlicher ...

Teresa von Avila (1515–1582)

Teresa von Avila wurde am 28. März 1515 geboren; väterlicherseits stammt sie aus einer jüdischen Konvertitenfamilie. Im Alter von 20 Jahren tritt sie ins Karmeliterinnenkloster in Avila ein und legt zwei Jahre später ihre Profeß ab. Fast zwei Jahrzehnte kämpft sie, um diesen äußeren Schritt der Hingabe auch innerlich mitvollziehen zu können: Selbstzweifel, Krankheit, Unzufriedenheit, Gespaltensein in der Nachfolge Jesu. 1554 hat sie ein tiefes Erlebnis vor einem Bild des leidenden Christus, das sie zur Selbsterkenntnis und zur Freundschaft mit Gott und den Menschen führt. Diese Themen finden sich in ihren Schriften, in denen sie mit beispielloser Offenheit, psychologischer Exaktheit und Klugheit ihre Lebenserfahrungen aufschreibt: *Vida* (Autobiographie), *Gewissensberichte*, *Briefe*, *Fundaciones* (Buch der Klostergründungen), *Weg der Vollkommenheit* und *Die innere Burg.*

Sie setzt ihr Leben für die Reform der Karmeliterinnen ein und gründet 1562 ihr erstes Kloster. 1567 gewinnt sie Johannes vom Kreuz für ihre Pläne, der 1568 das erste Männerkloster der unbeschuhten Karmeliter gründet. Sie bestärken einander in ihren mystischen Erfahrungen, die viel Gemeinsames haben und doch verschieden sind. Teresa geht vom Menschen aus, Johannes geht von Gott aus. Beide haben eine große Begabung, Menschen zu begleiten und für das Evangelium zu begeistern. Teresa lebt eine Mystik der Freundschaft, die ihr Gottesbild und ihre Beziehungen zu den Menschen verändert: Christus wird ihr zum Freund, zum dem sie frei betet. In

Pater Jerónimo Gracián findet sie einen Vertrauten, mit dem sie eine intensive freundschaftliche Beziehung lebt. Unermüdlich ist sie unterwegs und kämpft für ihre Reform. Aus der Kontemplation gewinnt sie jene Kraft, die Rückschläge und Verleumdungen verkraften und Selbstzweifel überwinden kann. In ihrem Hauptwerk *Die innere Burg* beschreibt Teresa mit großem geistlich-psychologischem Gespür ihren inneren Weg durch sieben Wohnungen. Ein Weg, der durch die Selbsterkenntnis zur Vereinigung mit Christus führt. Am 4. Oktober 1582 stirbt Teresa von Avila. 1622 wird sie heiliggesprochen und 1970 zusammen mit Katharina von Siena zur Kirchenlehrerin ernannt.

Liebe Teresa von Avila,

ich erinnere mich noch genau an die Zugfahrt zwischen Zürich und Bern, als ich in Deiner Autobiographie las, wie Du ein Leben lang um die ersehnte innere Ruhe gerungen hast. Es war einer jener Tage, an denen ich sehr bedrückt zu einer Sitzung fuhr und mich innerlich selbst zerfleischte. Es waren jene Stunden, in denen ich nur das in meinem bisherigen Leben wahrnahm, was nicht gelungen war. Ein beklemmendes Gefühl machte sich stark in mir, und mir wurde schmerzhaft bewußt, wie guteingespielte Mechanismen mich noch viel mehr bestimmten, als ich bis heute wahrhaben will. Erdrückend war die Überzeugung, noch immer am selben Punkt zu stehen; vernichtend die Gedanken, noch nicht weiter zu sein und mich einmal mehr im Kreise zu drehen. In dieser Stimmung fielen mir Deine ehrlichen Worte zu, die wie ein langersehnter Regen auf meine innere Wüste fielen. Natürlich hatte ich schon vorher von Dir gehört, doch einzig von Deinem unermüdlichen Reformwillen. Dein Lebensthema, das im bekannten Lied „Nade te turbe, nada te espante: quien a Dios tienne nada le falta – sólo Dios basta" („Nichts beunruhige dich, nichts ängstige dich: Wer Gott hat, dem fehlt nichts. Gott allein genügt") zu finden ist, war mir wohl eine herausfordernde Ermutigung zum Hineinwachsen ins Urvertrauen.

Da mir dies oft nicht gelang, weil mich in meinem alltäglichen Leben vieles beunruhigte und ängstigte, fühlte ich mich Dir – trotz aller Faszination – sehr fern. Denn ich meinte, daß es Dir trotz mancher Schwierigkeiten grundsätzlich gelungen war, Dein Lebensideal zu leben. Deshalb war ich sehr erstaunt, als ich von Deinen jahrelangen Kämpfen und Deinem Ringen um Selbst-

und Gottvertrauen las. Obwohl ich weiß, daß Ordensleute genau wie alle Menschen um Vertrauen ringen, tat es mir ganz einfach gut zu lesen, daß Du als Klosterfrau fast zwanzig Jahre gebraucht hast, um zu entdecken, was Dir entspricht, und um in Gott Deinen Freund und Begleiter sehen zu können. Dein Umherirren hat auch Dich krank gemacht, und auch Du hast Dich schwer getan, Deine vielfältigen Fähigkeiten und Deine Grenzen zu integrieren. Beim Lesen Deiner Biographie („Vida – das Buch meines Lebens"[1]) kam mir oft Sören Kierkegaard in den Sinn, der das große Paradox unserer Existenz mit den Worten: „verzweifelt nicht man selbst sein wollen; verzweifelt man selbst sein wollen"[2] auf den Punkt bringt. Ein Widerspruch und eine innere Zerrissenheit, die Du hautnah erfahren hast und von denen Du in aller Offenheit sprichst:

„Weil ich mich nicht an diese unerschütterliche Säule hielt, welche das Gebet ist, lebte ich fast zwanzig Jahre lang in diesem aufgewühlten Meer mit diesen Stürzen und diesem Aufstehen, einem schlechten Aufstehen, da ich wieder fiel ... ich kann nur sagen, daß das eine der schmerzlichsten Lebensweisen ist, die man sich vorstellen kann, denn weder erfreute ich mich Gottes, noch fand ich in der Welt meine Befriedigung. Wenn ich mich mit der Welt abgab und dabei daran dachte, was ich Gott schuldete, so geschah das wieder mit Gewissensbissen; wenn ich bei Gott weilte, bedrängte mich die Anhänglichkeit an die Welt. Das ist so ein schmerzlicher Krieg, daß mir heute noch nicht klar ist, wie ich das auch nur einen Monat aushalten konnte, um wieviel weniger noch so viele Jahre."[3]

Dein „Tagebuch" hat nichts an Aktualität verloren. Schonungslos hältst Du uns den Spiegel entgegen und läßt uns die Masken erkennen, die

wir je nach Situation aufsetzen, um uns keine
Blöße zu geben und um gute Miene zum bösen
Gesellschaftsspiel zu machen. Ein Spiel, das leider auch in unserer Kirche gespielt werden muß,
weil unsere Gemeinden zu selten Orte des ge-
meinsamen Teilens sind. Es ist das Lebens-
programm vom perfekten Menschen, der vor sich
und den andern seine Zweifel, seinen Neid, seine
Verletzungen versteckt, um gut und erfolgreich
dazustehen. Leistungsdruck und Perfektions-
zwang lassen uns Menschen verkümmern und
vereinsamen. Bis vor kurzem war ich hilfloses
Opfer dieser Maschinerie, weil auch ich mir nicht
helfen lassen wollte. Als Mann, verstärkt durch
das Priestersein, lebte ich jahrelang einseitig nur
meine starken und kämpferischen Seiten. Die feinen und sensiblen Seiten meines Selbst verküm-
merten, und oft war ich unfähig zu sagen, wie es
mir ging. Ich hatte das Glück, im Arbeitsteam
und in der Ausbildungsgruppe des Sozialtherapeutischen Rollenspiels mühsam einüben
und vermehrt wahrnehmen zu können, was in
mir an vielfältigen Gefühlen lebt. So war es für
mich befreiend, bei Dir zu lesen, wie auch Du
Dein Leben lang mit den wunden Punkten Deines Lebens konfrontiert worden bist:

*„Manchmal kommen und kamen Mühsale von
anderer Art über mich, daß es mir scheint, als
wäre mir die Möglichkeit genommen, etwas Gutes zu denken oder auch nur zu wünschen, es
auszuführen. Meine Seele und mein Leib kommen mir dabei total unnütz und lästig vor ... Dabei spüre ich eine Unlust, ohne zu wissen, woher
sie kommt, noch vermag etwas meine Seele zu-
friedenzustellen. Ich suchte, mich teilweise zu
zwingen, äußerliche gute Werke zu tun, um mich
irgendwie zu beschäftigen ... Andere Male wie-
derum ergeht es mir so, daß ich nicht einmal*

einen vernünftigen Gedanken an Gott noch an irgendeine andere Sache festhalten und kein Gebet verrichten kann, auch wenn ich in der Einsamkeit bin ... Manchmal lache ich einfach darüber und erkenne meine Misere an ... Ich habe dabei den Eindruck, daß ich weder Gutes noch Böses tue, sondern, wie man sagt, einfach hinter den andern hertrotte, ohne daß mir das weh tut, aber auch ohne Freude, gleichgültig ob es zum Leben oder Tod, mir zu Gefallen lästig ist ... Doch allzu leicht mache ich mir da etwas vor, und vielleicht tue ich das tatsächlich, so daß das, was ich sage, gar nicht zutrifft".[4]

In mir selbst und in Begegnungen mit vielen Menschen erkenne ich diese innere Unzufriedenheit, von der Du so offen sprichst, wieder. Oft überfällt sie mich wie ein Dieb aus dem Hinterhalt und kann mir einen gutbegonnenen Tag oder eine gelungene Vorlesung, ein intensives Gespräch oder einen eindrücklichen Gottesdienst schlagartig in Frage stellen oder sogar zerstören. In den letzten beiden Jahren hat dieses Gefühl erheblich zugenommen, obwohl ich äußerlich viel Erfolg hatte. Ich erschrak über meine Undankbarkeit und meine Ansprüche, die ich an mich selbst stellte und wertete mich und mein bisheriges Leben ab. Ein ausweglose Teufelskreis. Lange war ich dem Sog dieser „Todesspirale" ausgeliefert, bis ich bereit war, mich auch therapeutisch begleiten zu lassen. Auch Du hast mich durch Dein Buch *Die innere Burg*[5] wohlwollend ermutigt und herausgefordert, Schritte zur Selbsterkenntnis zu wagen. Du lädst darin mit Deiner „mystischen Psychologie"[6] dazu ein, sich auf den eigenen Bewußtwerdungsprozeß einzulassen.

* * *

Ich will Dich Anteil nehmen lassen, an dem, was Deine Worte in mir ausgelöst haben. Lange habe ich gebraucht, um den tieferen und bleibenden Sinn Deines Werkes zu verstehen. Du verwendest Worte, die mir den Zugang zu Deinem Weg ins Innere erschwert haben. Wenn Du Gott als „Seine Majestät" ansprichst und in einer großen Selbstverständlichkeit von „Sünde, Hölle, Satan" redest, dann weiß ich vom Kopf her, daß dies eben die Sprache Deiner Zeit ist. Auch Deine Appelle gegen die aufkommende Reformation kann ich in den Kontext Deiner Zeit einordnen, trotzdem spürte ich lange eine große Distanz zu Dir. Und doch erahnte ich einen verborgenen Schatz, den es hinter den zeitbedingten theologischen Begriffen auszugraben galt. Dieses „Graben" erinnerte mich an meine Auseinandersetzungen mit dem Ersten Testament[7]. All die kriegerischen Szenen verwehrten mir jahrelang den Zugang zu Texten, ohne die ich heute kaum mehr leben könnte. Ähnlich erging es mir mit Deinen und vielen anderen mystischen Texten. Sie zogen mich zwar an, doch erst in letzter Zeit stoße ich mich nicht mehr an gewissen Formulierungen und kann mich darum überzeugter mit Dir auf den Weg durch die sieben Wohnungen begeben, die Du in Deiner *Inneren Burg* ausführlich beschreibst. Oder sagen wir ehrlicherweise: auf einen zaghaften Gang durch die ersten der sieben Wohnungen, denn die weiteren liegen mir noch sehr fern.

Schon in den kurzen Einführungsworten zeigt sich die ganze Schwierigkeit Deiner Texte. Du schreibst vom Beichtvater, der Dir befohlen hat, Deine Erfahrungen niederzuschreiben. Ab und zu klingt dies an, und wenn Du sogar Texte zensierst auf Geheiß Deines Begleiters, sträubt sich in mir alles. Denn bis heute verlangen gewisse

Vertreter der offiziellen Kirche, daß Texte kontrolliert und zensiert werden. Sie werden sich auf Dich berufen und Dich als gehorsame Tochter der Kirche darstellen können.

Doch ich glaube nicht, daß sie dann Dein tiefstes Anliegen verstanden haben. Denn obwohl Du Deinen Weg im Bild der sieben Wohnungen darstellst, so verweist Du auf eine Unzahl von Gemächern, denn *„die Dinge der Seele muß man sich immer in Fülle und Weite und Größe denken."* [8] Um diese Fülle und Weite kämpfst Du und forderst Deine Leser heraus, den ureigenen Weg zu gehen, den Du *„ein scheinbar wegeloses Gehen"* [9] nennst, weil jede und jeder diese Gratwanderung wagen muß, um ein wenig mehr er oder sie selbst zu werden. Die Begleitung der Beichtväter hilft Dir dabei, doch unterwirfst Du Dich nicht immer so, wie Du es vordergründig beschreibst. Du suchst jemanden, der Dich bestärkt, dem Du vertrauen kannst und mit dem Du Dein Lebensthema der Freundschaft mit Gott und den Menschen leben kannst. In Pater Jerónimo Garcián findest Du jenen Freund, der Dich fördert, Dich verteidigt und Dich ermächtigt, selbst für die Frauen zu schreiben, weil er überzeugt war, „daß Frauen die Sprache von ihresgleichen am besten verstehen" [10]. Dieses Teilen von Macht ist bemerkenswert. Es kann jedoch nicht über die Ungerechtigkeit hinwegtäuschen, daß bis heute nur Männer Amtsträger sein können und es nicht genügen kann, Frauen zum Schreiben zu ermächtigen, sondern einzig und allein, das Teilen der Verantwortung eine glaubwürdige Fortsetzung Deines Reformwillens ist.

Du siehst, wieviel schon Deine zweiseitige Einführung an aktuellem Gesprächs(zünd)stoff beinhaltet. Doch jetzt will ich Dir endlich mitteilen, wie mich Deine Worte in meinem persönlichen Prozeß unterstützt haben.

✳ ✳ ✳

Du lädst uns ein, *„unsere Seele als eine Burg zu betrachten, die ganz aus einem Diamant oder einem sehr klaren Kristall besteht und in der es viele Gemächer gibt, gleichwie im Himmel viele Wohnungen sind"* [11]. Es ist nicht Dein Bild von der Burg, das mich anspricht, weil ich damit zuerst etwas Herrschaftliches verbinde und weniger wie Du einen Ort der Geborgenheit. Vielmehr sind es die vielen Zimmer und Wohnungen, die Du in dieser Burg beschreibst, die in mir eine befreiende Lust erwecken, auf eine Entdeckungsreise in mein Inneres zu gehen, um mich besser kennenzulernen.

Ich staune, daß auch für Dich die Selbsterkenntnis am Beginn Deiner Reise zu Gott steht. In dem Bild der *Ersten Wohnung* beschreibst Du das Ziel der Selbsterkenntnis, die getragen ist vom Glauben, Abbild Gottes zu sein. Auch Du hast diesen unermüdlichen Glauben an das Gute im Menschen, das in ihm angelegt ist, jedoch schwer beschädigt, verschüttet und zubetoniert sein kann. Und nur wer es wagt, sich mit sich selbst und seinem inneren Kern auseinanderzusetzen, kann schließlich erfahren, was es bedeutet, nach Gottes Bild geschaffen zu sein. Du lädst alle geistlichen Menschen ein, sich auf einen persönlichen Prozeß einzulassen, damit sie sich selbst vielseitiger erfahren und auch *„Gott genießen"* [12] können. Wir brauchen Dich als Kirchenlehrerin, damit Du auch all jene, die Verantwortung haben in unseren Kirchen, zu diesem Weg motivierst. Denn für Dich ist zwar das Gebet das Tor, um die Burg überhaupt betreten zu können. Doch

Dein Beten kommt nicht um die Auseinandersetzung mit der eigenen Person und seiner Geschichte herum:

*„So herrschte in uns ein noch unvergleichlich
schlimmerer Stumpfsinn, wenn wir uns nicht darum kümmerten, zu erfahren, was wir sind, sondern uns mit diesen Leibern zufriedengäben und
folglich nur so obenhin, vom Hörensagen, weil
der Glaube es uns lehrt, davon wüßten, daß wir
eine Seele haben.“*[13]

In diesen Worten sehe ich die brisante Herausforderung, die sich jedem einzelnen, für sich selbst
und uns, als christlicher Gemeinschaft, gemeinsam stellt. Durch „Hörensagen“, Formulierungen, Dogmen und Gebete, die wir nicht in Verbindung mit unserer eigenen Erfahrung bringen
können, können wir keine befreiten und aufrech-
ten Menschen werden. Dieser Weg wird nicht
ohne Kritik an alten und neuen Katechismen vor-
beikommen und ist eine Aufforderung, sein
Gottesbild immer neu zu überprüfen, denn wenn
jemand *„einfach so daherschwatzt, was ihm in
den Mund kommt und was er von früher aus-
wendig weiß, so halte ich das für kein Gebet.“*[14]
Echtes Gebet kann für Dich nicht ohne den müh-
samen Prozeß der Selbstwerdung geschehen. Ein
Postulat, das angesichts der restaurativen Ten-
denzen in unseren Kirchen leider noch höchst-
aktuell ist.

* * *

Ich selbst habe mich lange gegen diesen Prozeß
gewehrt, weil die Widerstände und die Ängste
vor mir selbst zu groß waren. Denn das ist das
Verrückte an diesem Prozeß: Wer sich mehr Zeit
für sich selbst nimmt, wer eine Therapie beginnt,
wer sich in eine geistliche Begleitung wagt, wird

zuallererst schmerzhaft mit sich und seinen Mängeln konfrontiert:

„Endlich treten sie in die ersten der unteren Gemächer ein; doch mit ihnen dringt so viel Gewürm ein, daß sie weder die Schönheit der Burg zu sehen vermögen noch zur Ruhe kommen können. Schwer genug ist es ihnen gefallen, überhaupt hineinzukommen."[15] Du ermutigst zu diesem schmerzhaften Prozeß, weil Dein Menschenbild von der Hoffnung lebt, *„daß jene strahlende Sonne, die sich in der Mitte der Seele befindet, ihren Glanz und ihre Schönheit nicht verliert."*[16]

Was immer einem Menschen an Grausamkeiten, Perversitäten und Ungerechtigkeiten widerfährt, sein Kern bleibt unantastbar. Eine gewaltige Hoffnung, die ich mit meiner ganzen Sehnsucht teile. Auch wenn sich manchmal erhebliche Zweifel bei mir melden angesichts von Menschen, die zerbrechen an ihrer Last, ihrer Geschichte; Menschen, die von der ersten Stunde ihres Lebens keine echte Chance zur Selbstwerdung haben. Menschen, die keine Kraft haben, das zu tun, was Du als unumgänglich zur Menschwerdung siehst: in den *„Schlamm unserer eigenen Erbärmlichkeit"*[17] hinunterzusteigen. Deinen Rat vom rechten Maß will ich mir sehr zu Herzen nehmen. Denn meine Schutzmechanismen haben auch gute Gründe, und es gilt, ihnen mit Wohlwollen zu begegnen. Eine Haltung, die mir oft nicht gelingt, weil ich meine, daß es nur an mir liegt und ich es alleine machen muß.

Nach Deiner Ansicht *„werden wir mit unserer Selbsterkenntnis nie zu Ende kommen, wenn wir nicht danach trachten, Gott zu erkennen"*[18]. Was für mich bedeutet, Vertrauen zu haben in den eigenen Prozeß, in unscheinbares Wachstum, das nicht machbar ist, sondern Geschenk, Gnade.

Dieser lange Atem der Hoffnung ist notwendig, um sich all dem Negativen zuzuwenden, das sich während vieler Jahre verfestigt hat und uns den klaren Blick nimmt. Von dem Moment an, an dem ich den Zeiten der Stille in meinem Leben nicht mehr davonsprang, entdeckte ich, *„daß so viele böse Wesen, Nattern und Ottern und anderes giftiges Getier, mit der Seele hereingelangt sind und ihr nun das Licht verdecken. Es ist, wie wenn jemand irgendwo hereinkommt, wo viel Licht hereinfällt, doch seine Augen sind mit Lehm verschmiert, so daß er sie kaum öffnen kann. Der Raum ist hell, aber die Seele genießt es nicht, weil dieses wilde Getier sie daran hindert. Es zwingt sie, die Augen zu schließen, damit sie nichts sieht außer diesen scheußlichen Wesen."*[19]

Deine Worte erinnern mich an meine erste Zeit in unserer Ausbildungsgruppe vom Sozialtherapeutischen Rollenspiel. Die Gruppe (sechs Frauen und sechs Männer) war längst bereit, mir Raum für meine Schwächen, meine Ohnmacht, meine Verletzungen zu ermöglichen. Doch ich war besetzt von der Unmöglichkeit loszulassen, mich anzuvertrauen, weil ich überzeugt war, daß sie alle davonlaufen würden, wenn ich auch meine Schattenseiten zeigen würde. Verstehst Du jetzt, warum mir Deine ehrlichen Erfahrungen so wertvoll geworden sind? Ich habe durch sie erfahren, daß ich nicht alleine bin mit meinen Widerständen, auch nicht bei den bevorstehenden schmerzlichen Schritten, an die Du mit Nachdruck in der *Zweiten Wohnung* erinnerst:

„Ich habe es zwar schon des öfteren gesagt, doch will ich es hier, um seiner Wichtigkeit willen, noch einmal wiederholen: Man glaube ja nicht, daß es zu Beginn dieses Unternehmens irgendwelche Annehmlichkeiten gebe. Dies wäre ein schlechtes Fundament für ein solch, herrliches Bauwerk.

*Baut man aber auf Sand, so wird alles einstürzen.
Nie wird man das Unbehagen und die Versuchungen loswerden. Denn hier sind noch nicht
die Wohnungen, wo es Manna regnet. Die liegen
weiter innen.*"[20]

Ohne sich „mit erfahrenen Personen" zu besprechen und mit gelassener Entschlossenheit
dranzubleiben, werden sich keine Schlüsselerlebnisse ereignen. Eines dieser befreienden Aha-Erlebnisse, das mir in der Therapie aufgegangen ist,
finde ich auch bei Dir als wichtige Bestärkung
wieder:

*„Kann es etwas Schlimmeres geben, als daß wir
uns in unserem eigenen Haus nicht zurechtfinden? Wie können wir hoffen, in andern Häusern
Ruhe zu finden, wenn wir sie im eigenen nicht zu
finden vermögen?*"[21]

Du sprichst mir aus dem Herzen! Zu lange habe
ich außen gesucht, was ich mir in mir selbst schenken lassen muß. Wie jeder Mensch brauche ich
Freundinnen und Freunde, Anerkennung und
Bestätigung. Doch nur ich – dies ist die schmerzlich-befreiende Erkenntnis – kann mir Heimat in
mir schenken lassen. Seit ich dieser Spur folge,
kann ich mich besser abgrenzen, kann besser nein
sagen, denn ich will nicht mehr nur von außen
Bestätigung erhalten, sondern sie mir selbst geben. Ja, ich hoffe, vor aller Leistung beachtet und
geliebt zu sein. Ich versuche nun zu akzeptieren,
daß ich ein Leben lang an dieser Schlüsselfrage
arbeiten muß. Immerhin weiß ich nun, wohin
ich meinen Blick wenden kann: nach innen, um
mir wohlwollend zu begegnen. Denn der *„Gedanke, wir würden in den Himmel kommen, ohne
in uns zu gehen, ohne uns selber zu erkennen,
unser Elend zu bedenken, unsere Schuld vor Gott,
und ohne ihn vielmals um Erbarmen zu bitten,
ist also töricht und widersinnig.*"[22] Ich möchte

trotz Rückfällen daran weiterarbeiten, weil ich hier und jetzt ein Stück Himmel erfahren will. Ich will versuchen, ehrlicher mit mir selbst zu werden und zu meinen Fehlern zu stehen in der Zuversicht, auch mit meinen Schwächen Zuwendung zu erfahren.

* * *

Auch Deine Gedanken rund um die *Dritte Wohnung* lassen in mir einiges anklingen. Es geht um die Geduld, um die Erkenntnis, nichts zu überstürzen, sondern behutsam-entschieden wachsen zu lassen. Ich tue mich schwer damit. Es kommt mir vor, als wenn ich eine Kehrtwendung um 180 Grad machen müßte. Denn in meiner Arbeit und meiner Aufgabe fiel es mir viel leichter, Probleme anzugehen und mit Entschiedenheit mich für eine Vision einzusetzen. Bei mir selbst merke ich nun, daß ich nur mit kleinen Schritten vorwärtskomme oder es kommt mir so vor – wie Du es auch kennst – als hätte ich erst wenige Schritte getan. Diese kleinen Schritte beachte ich kaum, und ich kann oft hart mit mir ins Gericht gehen, weil ich meine eigene Veränderung nicht sehen will. In solchen Momenten sprichst Du von Demut. Ich spreche lieber vom Mut zur entschiedenen Gelassenheit. Es braucht meine Bereitschaft und die Begleitung von andern. Doch den Weg muß ich selbst nach meinem Rhythmus gehen. Auch Du bist diesem Menschenbild verpflichtet, das jedem seinen eigenen Rhythmus zugesteht – eine Haltung, die sich indirekt gegen zentralistische Systeme wendet, die sich anmaßen zu wissen, was für den einzelnen gut ist. Du setzt Dich für den einzelnen, für seine Individualität und seinen Gewissensentscheid ein. Ein Kampf, den wir heute noch immer mit einer zentralistischen Kirchenleitung führen müssen und auch mit al-

len Gurus, die nur eine „Oneway-Philosophie"
vertreten:

*„Es mag nun so scheinen, als müsse man, um in
diese Wohnung zu gelangen, vorher lange Zeit in
andern gelebt haben. Obwohl es das übliche ist,
daß man zunächst in den Räumen gewesen sein
muß, von denen wir eben gesprochen haben, so
ist dies doch keine starre Regel, wie ihr wohl schon
des öfteren gehört habt; denn Gott gibt seine
Güter, wann er will und wie er will und wem er
will."*[23]

* * *

Wenn ich hier in der Abbaye an der Quelle sitze,
fällt es mir leichter, Deinen Gang durch die *Vier-
te Wohnung* nachzuvollziehen. Es ist nochmals
eine Auseinandersetzung mit der inneren Unruhe, die ich hier in der Stille in mir wahrnehme,
und ich sage wie Du manchmal: *„Mein Gott, auf
was habe ich mich da eingelassen?"*[24] Deine Worte
sind echt, weil Du jahrelang um eine wohltuende
Beziehung zur Stille gerungen hast. Du mußtest
Dich einsetzen gegen die Formeln, die Dich nicht
mehr ansprachen: *„Während mehrerer Jahre gab
ich sehr oft mehr darauf acht, ob nicht möglichst
bald die Gebetszeit, zu der ich verpflichtet war,
zu Ende ging, und achtete mehr auf die Uhr als
auf andere gute Dinge."*[25] So suchst Du nach einer neuen Gebetsform. Nach einer Form, die auch
Dein Gottesbild verändern wird, weil Christus
als Mensch Dir immer wichtiger wird, und einer
Erfahrung, die Dich zum inneren, freien Gebet
führt, zum *„Gespräch mit einem Freund, mit dem
wir oft und gern allein zusammenkommen, um
mit ihm zu reden, weil wir sicher sind, daß er uns
liebt."*[26] Diese befreiende Gebetserfahrung vergleichst Du mit zwei Brunnenbecken, das eine

mit komplizierten Röhren und das andere direkt von der Quelle bewässert, die den Übergang von der Sammlung zum Gebet der Ruhe oder von der Meditation zur Kontemplation kennzeichnen. Ich habe das Glück, Deine Gedanken an einem Brunnen zu lesen, der von einer Quelle bewässert wird. Sie erinnern mich an die Brunnenvision von Nikolaus von Flüe. Eine Vision, die mir vor einigen Jahren schmerzlich bewußt werden ließ, daß ich zu wenig den Weg zum Brunnen, zu meiner inneren Quelle wage. In seiner zeitkritischen Vision drückt der Mystiker und Politiker sein Unverständnis darüber aus, daß sich niemand Zeit nimmt, aus dem Brunnen zu schöpfen:

„Du willst hinausgehen und sehen, was die Leute tun, daß sie nicht hereingehen, des Brunnens zu schöpfen, dessen doch ein großer Überfluß ist. Und er ging zur Tür hinaus. Da sah er die Leute schwere Arbeit tun und dazu fast arm sein ... Und er sah niemanden hineingehen, um aus dem Brunnen zu schöpfen.“[27]

Du ermutigst uns, den Weg zum Brunnen zu wagen, der für Dich ein Weg der Selbsterkenntnis ist, der zu einer freundschaftlichen Beziehung zu Gott führt. Eine Beziehung, die wie jede Beziehung letztlich ein Geheimnis ist. Wir meinen, wir erfassen etwas von Gott, *„und dabei ist es gewiß soviel wie nichts; denn in uns selber sind große Geheimnisse, die wir nicht verstehen.“*[28] Das Vertrauen, *„daß Gott in uns selber ist“* hat für Dich Konsequenzen, damit man *„fortan in den Dingen des Gottesdienstes nicht mehr so ängstlich ist wie zuvor.“*[29] Darum ermutigst Du zum freien Gebet. Ich sehe darin den Auftrag auch heute neue, einfache Gottesdienstformen zu wagen, wo wir Menschen mit Leib und Seele feiern können.

Viele Wochen sind vergangen seit dem letzten Brief. Ich war wie blockiert und konnte Dir nicht mehr schreiben. An der Schwelle zur *Fünften Wohnung* gab es für mich auch nichts mehr zu schreiben, weil für mich ein Eintreten in sie kaum in Frage kam. Ich konnte die vielen Erfahrungen, die Du in den letzten drei Wohnungen beschreibst, zu wenig in Verbindung bringen mit meinem Leben und dem Leben von uns heutigen Menschen. Und doch konnte ich sie nicht einfach beiseite lassen. Immer wieder meditierte ich Deine Erfahrungen, und auf einmal entdeckte ich in vielen unscheinbaren Alltagserfahrungen eine Spur zu Deinen mystischen Erlebnissen, Deiner Vereinigung mit Gott. Einer Vereinigung, die Dir geschenkt ist und die Deine Seelenkräfte (Phantasie, Erinnerung, Verstand) übersteigt. Gott verbindet sich „*selber mit dem Innern der Seele, so daß sie, wenn sie wieder zu sich kommt, keinesfalls daran zweifeln kann, daß sie in Gott war und Gott in ihr. Mit solcher Gewißheit verbleibt ihr diese Wahrheit, daß sie, selbst wenn Jahre vergingen, ohne daß Gott ihr nochmals solch eine Gnade erwiese, sie dies nicht vergessen und nicht daran zweifeln könnte, daß er es war.*"[30]

Auch wenn ich selbst weit entfernt bin von Deinen intensiven Erfahrungen, so entdecke ich in meinem Leben Momente, in denen ich dieses Ergriffensein erfahren habe:

Momente des Ganz- und des Echtseins.

Momente, in denen ich mich hineingeben konnte in die Stille und darin nicht Leere, sondern erfülltes Leben erfuhr.

Momente angesichts des Todes eines Menschen, in denen ich intensives Leben spürte und Christus erahnte als jenen, der in jedem Menschen atmet und lebt, auch durch den Tod hindurch.

Momente des Glücks, in denen ich mich sprachlos vor Staunen als Teil der Schöpfung erfuhr.

Momente, in denen ich mich engagierte für mehr Gerechtigkeit und mich die Angst vor Konsequenzen nicht lähmte, sondern ich sagen konnte, was ich zutiefst fühlte.

Momente, in denen ich weinen und schreien konnte, mich in offene Arme hineingeben konnte und in dieser heilenden Zuwendung Christus erahnte.

Momente, in denen ich beim Feiern der Eucharistie um Worte rang, weil mir im Brechen des Brotes alle zerbrochenen Beziehungen und Hoffnungen so nahe waren, daß ich die Spannung zwischen Tod und Auferstehung hautnah erfuhr.

Momente, in denen ich beim Singen, Spielen und Tanzen kein Zeitgefühl mehr hatte und das Leben zutiefst als Geschenk erfuhr.

Momente, in denen mich ein biblisches Wort so berührte, daß es mir kalt den Rücken herunterlief.

Momente, in denen ich in einer zärtlichen Umarmung erfahren konnte, daß ich vor aller Leistung angenommen bin.

Momente, in denen ich wie jetzt nach wochenlanger Blockierung, „ohne zu überlegen", schreiben kann, was ich fühle.

Ein Gedanke ermöglichte mir, den Briefkontakt mit Dir fortzuführen. Du sprichst oft von der *Sehnsucht,* die genügt, um diesen Weg zu gehen. So habe ich Deine Texte nicht vom Ziel her, sondern von der Sehnsucht, die am Anfang stand, neu gelesen und einen neuen Zugang gefunden. Denn der Weg ist das Ziel. Du verdeutlichst diese Haltung in Deinem Schmetterlingsgleichnis: Die Raupe (der alte Mensch), der alte Muster losläßt, stirbt, um als weißer Falter eine neue Existenz zu beginnen. Das Befreiende an diesem Gleichnis liegt für mich in Deinen prozeß-orientierten Ausführungen. Mit der neuen Geburt ist nicht einfach alles geschehen, wie dies so oft gepredigt wird. Der Weg der inneren Wandlung geht weiter, denn der Falter weiß noch nicht, wo er hingehört. Dieser unangenehme Zustand zwischen Nichtmehr und Nochnicht entspricht meiner jetzigen Situation. Das *„ruhelose Umher-flattern"* geht weiter. Und wenn in mir auch ab und zu das ungute Gefühl aufkommt, so schnell wie möglich meine Entscheidungen rückgängig zu machen, so weiß ich wie Du auch, daß es auf diesem Weg kein Zurück gibt. Denn dahin *„zu-rückkehren, woher er gekommen ist – das kann er nicht; denn – wie gesagt – es liegt nicht in unse-rer Hand, so viel wir auch tun mögen ... und sollte jemand behaupten, er fühle sich, seitdem er auf diese Stufe gekommen sei, immer in Ruhe und Annehmlichkeit – von dem würde ich sagen, daß er niemals so weit gekommen ist."*[31]

Diese realistischen Worte bedeuten keineswegs, daß in diesem Prozeß nicht auch Freude und Fest erfahrbar wird. Das wird deutlich, wenn Du das auch oft in der persischen Mystik verwendetete Bild vom Weinkeller gebrauchst, in den Gott die Braut führt: „Als der Herr der Weinschenke meines Herzens Geliebter wurde, wandelte sich mein Blut zu Wein und mein Herz zum Heiligtum. Immer wenn das Auge erfüllt ist von Gedanken an ihn, ertönt eine Stimme: ‚Gut getan, Wein-krug, und bravo, Wein!'"[32] Deine Lebensfreude ist ansteckend, Du findest *„Christus auch zwi-schen den Kochtöpfen"*[33] und willst nicht beim Genießen des Essens an die Askese denken:

„*Wenn Rebhuhn, dann Rebhuhn, wenn Geißel, dann Geißel.*"[34]

Deine Sehnsucht, mit Gott und mit den Menschen verbunden zu sein, ist größer. Sie läßt Dich das Bewußtsein für Deine Grenzen und das Leiden der Menschen wachhalten und auch kritisch gegenüber all jenen sein, die sich in mystischen Erfahrungen aus dem Alltag schleichen wollen:

„*Denn ob wir Gott lieben, kann man nicht wissen – obwohl es deutliche Anzeichen gibt, die es erkennen lassen –; aber ob wir unseren Nächsten lieben, das merkt man. Und ihr dürft mir glauben: Je mehr ihr hierin Fortschritte macht, um so tiefer ist eure Liebe zu Gott ... wenn ich Seelen erblicke, die sich emsig bemühen, das Gebet zu erfassen, und mit niedergeschlagenen Augen und fest verschlossenem Gesicht darin verharren, so daß es scheint, als wagten sie nicht, sich zu rühren oder ihre Gedanken in Bewegung geraten zu lassen, damit ihnen ja kein bißchen Wonne und Andacht entgehe, so zeigt mir das, wie wenig sie von dem Weg wissen, auf dem man zur Vereinigung gelangt. Sie glauben, hierin bestehe die ganze Arbeit, die von ihnen erwartet wird. Nein, Schwestern, nein! Werke will der Herr! Und wenn du eine Kranke siehst, der du eine Linderung verschaffen kannst, sollst du dir nichts daraus machen, daß es dich deine Andacht kostet, sondern dich ihrer erbarmen. Hat sie einen Schmerz so fühle ihn, und wenn nötig, so verzichte auf die Speise, damit sie essen kann ... dies ist die wahre Vereinigung mit dem Willen Gottes.*"[35]

Diese Worte sind umso brisanter, weil Du Dich vehement für die Reform im Karmel eingesetzt hast, damit die Kontemplation mehr Gewicht erhält. Eine Kontemplation allerdings, die Christus sucht und im Gesicht jedes Menschen, Christus entdeckt. Das war ja Deine mystische

Urerfahrung vor dem Bild des Schmerzensmannes, das Dein Gottesbild veränderte und Dich noch mehr zu den Menschen führte. Darin unterscheidet sich *christliche* Spiritualität von vielen anderen spirituellen Entwürfen. „Sie ist keine Reise zu sich selbst, und sie ist nicht ungestörte Entweltlichung. Sie ist keine Einübung in Leidenschaftslosigkeit; sie ist keine Selbsterfahrung. Sie ist die Erfahrung der Augen Gottes in den Augen des verlassenen Kindes; sie ist die Entdekkung Christi im Schmerz und im Glück der Menschen. Diese Spiritualität hat darum immer etwas Lumpiges, etwas Dreckiges. Sie ist störungsanfällig, und sie erlaubt nicht, in sich selbst zu ruhen. Sie lehrt uns, Fragen zu stellen: Wo leiden Menschen? Woran leiden sie? Wer macht sie leiden? Mit diesen Fragen aber ist unsere Harmonie gefährdet."[36] Diese Leidenschaft führt Dich nebst der Kontemplation zum Kampf, der Dir auch harte Kritik, z.B. vom päpstlichen Nuntius einbringt, der sagt, Du seist „eine ruhelose Vagabundin, widerspenstig und verstockt, die unter dem Deckmantel der Frömmigkeit schlechte Lehren erfindet, sich entgegen den Anordnungen ihrer Vorgesetzten und des Tridentinums außerhalb der Klausur bewegt und doziert wie ein Professor, obwohl der Apostel Paulus den Frauen eine öffentliche Lehrtätigkeit verboten hat."[37] Dich treffen diese Worte sehr, und sie führen Dich dazu, Dich und Deine Erfahrungen selbstkritisch zu hinterfragen.

✳ ✳ ✳

Dein Schmerz bleibt, wie Du am Anfang Deiner Hinführung zur *Sechsten Wohnung*, in der es um die „geistliche Verlobung" gehen wird, beschreibst. Zu Deinen Leiden „*gehört ein Tratsch* unter den Leuten, mit denen man zu tun hat, und auch unter solchen, die einem völlig fernstehen und von denen man nie vermutet hätte, sie könnten sich überhaupt an uns erinnern. Da heißt es dann: ‚Sie macht sich zur Heiligen; sie gibt sich überspannt, um die Leute zu täuschen und die andern schlechtzumachen, die bessere Christen sind als sie, ohne solch ein feierliches Gehabe zur Schau zu stellen.‘ Dabei tut die Seele, von der die Rede ist, wohlgemerkt, nichts anderes, als daß sie sich darum bemüht, ihren Stand gewissenhaft zu wahren. Die einst ihre guten Freunde waren, trennen sich von ihr; und eben diese sind es, die ihr am ärgsten zusetzen. Von ihnen schmerzt es am meisten.“[38]

Bei diesen Worten klingt bei mir eine ganze Fülle von Erfahrungen an. Sie führen mich auch zu den zentralen, wunden Punkten in meinem Leben. Aus Angst, Freundinnen und Freunde zu verlieren, habe ich mich zu sehr auf sie gerichtet. So war ich es oft, der sie besucht hatte und ihnen und mir nicht eingestand, daß es mir gut tun würde, wenn auch sie mir entgegenkommen würden. Am Anfang meiner Sabbatzeit war ich ganz stark mit dieser Frage konfrontiert. Die Erwartungen, daß ich nun endlich Zeit hätte, viele gute freundschaftliche Beziehungen zu pflegen, erdrückten mich. Hätte ich es getan, so wäre ich ein Jahr lang herumgereist und meine Reise nach innen wäre nochmals vertagt worden. Schmerzlich und zu oft noch mit schlechtem Gewissen übe ich mich bis heute ein, mich abzugrenzen und zu meinen Bedürfnissen zu stehen. Wie Du es schreibst, so sind es auch bei mir jene, von denen ich meinte, sie ständen mir wirklich nahe, bei denen es mir besonders weh tut, wenn sie mich nicht verstehen wollen. Im Nachhinein sehe ich in diesem Prozeß ein Stück innere Freiheit, die ich zurückgewonnen habe. Ich will nicht mehr alle Erwartungen erfüllen. Ich will dieses Allmachtsgefühl nicht weiter nähren und zu meinen Grenzen stehen, auch wenn es schmerzvoll ist und ich manchmal an meiner Umkehr zweifle. Bei Dir fühle ich mich verstanden und bestärkt. Dafür bin ich dankbar. Auch für Deine Offenheit und Ehrlichkeit, die in mir im wahrsten Sinne neue Räume eröffnet. Es ist für mich ganz einfach wohltuend, von Deinem Ringen zu lesen.

Auch wenn Du von der „geistlichen Verlobung" sprichst, stehst Du zu Deinen Zweifeln und hinterfragst selbst Deine intensiven Erfahrungen des Berührtseins durch Gott. So fühle ich mich Deinen Visionen, Ekstasen und Entrückungen, zu denen mir der Zugang schwerfällt, ein wenig näher.[39] Denn auch ich kann mitten im Suchen nach dem Sinn des Lebens ergriffen sein von der Schönheit der Schöpfung. Auch hier muß ich Deine Erfahrungen, die zu Deiner Zeit viel alltäglicher waren als heute, neu deuten. Durch diese Auseinandersetzung hat sich meine Spiritualität erweitert. Zu meinem Lebensthema „Mystik und Politik" füge ich nun Eros hinzu. „Mystik, Politik und Eros"[40] entdecke ich in Deiner Gottesbeziehung, Deinen Reformbestrebungen und Klostergründungen und Deinen freundschaftlichen Beziehungen, die Du gelebt hast. Denn für uns zölibatär Lebende ist es wichtig, daß wir intensive emotionale Beziehungen zu Männern und Frauen haben, um in dieser Lebensform leben und überleben zu können.

„Eine intensive, herzliche, Leib und Seele berührende Beziehung zu Gott ist darüberhinaus geradezu Voraussetzung dafür, um als ehelos Lebender eine Chance haben zu können, ein zölibatäres Leben halten und aushalten zu können ... Die intensive, gelebte, den ganzen Menschen in Beschlag nehmende Beziehung zu Gott, ist das Fundament eines zölibatären Lebens, das lebensbejahend ist und die beste Chance hat, entscheidend zu einem geglückten Leben beizutragen."[41] Obwohl mir Beziehungen und Begegnungen das Wichtigste im Leben sind, weil „alles wirkliche Leben Begegnung ist"[42], so habe ich oft nicht gewagt, sie in meinem Leben wirklich an die erste Stelle zu setzen. Sicher, weil ich Angst vor allzu nahen Beziehungen hatte und in der ganzen Ausbildung und im Austausch mit Priestern und Ordensleuten die Fragen der Sexualität und Beziehungen tabu sind. Mit großem Erstaunen lese ich bei Dir von Deiner freundschaftlichen Beziehung zu Johannes vom Kreuz und mehr noch zu dem Jesuiten Jerónimo Gracián, die Du sogar in einer hochzeitlichen Vision[43] beschreibst. Ich nehme neu wahr, daß die „erotische Sprache der Mystiker offensichtlich nicht rein literarisch ist, sondern ihrer Erfahrung von menschlicher Freundschaft"[44] entspringt. Dies hilft mir sehr, um Deinen Gang durch die *Sechste* und *Siebte Wohnung* besser zu verstehen. Auch Heinrich Seuse versteht nur, wer um seine Freundschaft zu Elsbeth Stangel weiß[45]. Und den Jesuiten und Naturforscher Pierre Teilhard de Chardin, der Materie und Geist und Kosmos und Christus zusammen gesehen hat, lese ich durch seine Briefe an Frauen[46] ganz anders. Mystikerinnen und Mystiker sind keine Menschen, die auf der Flucht sind vor Beziehungen und sich in eine Gottesbeziehung hineinsteigern. Im Gegenteil, es sind Menschen, die versuchen, ihre Sexualität zu integrieren, und bei denen daher der Eros auch die Spiritualität prägen wird und darf. Achtzig Seiten hast Du der *Sechsten Wohnung* gewidmet, auf denen Du von Deiner geistlichen Verlobung sprichst, von Erfahrungen der Nähe und der schmerzlichen Distanz. Es bleibt noch viel zu sagen, doch im Moment genügt es.

❊ ❊ ❊

Deine Lebenssehnsucht, innere Ruhe zu finden, wird in der *Siebten Wohnung* erfüllt. In der Unio mystica, in der geistlichen Ehe kann sich das Paar nicht mehr trennen. In einem treffenden Bild erläuterst Du den Unterschied zwischen der geistlichen Verlobung und der Vermählung: Es gibt keine Trennung mehr, *„denn immer bleibt die Seele mit ihrem Gott in jener Mitte. Wir wollen sagen: Die Vereinigung gleicht zwei Wachskerzen, die man so dicht aneinanderhält, daß beider Flammen ein einziges Licht bildet; und sie ist jener Einheit ähnlich, zu der der Docht, das Licht und das Wachs verschmelzen. Danach aber kann man leicht eine Kerze von der andern trennen, so daß es wieder zwei Kerzen sind, und ebenso läßt sich der Docht vom Wachs lösen. Hier jedoch ist es, wie wenn Wasser vom Himmel in einen Fluß oder eine Quelle fällt, wo alles nichts als Wasser ist, so daß man weder teilen noch sondern kann, was nun das Wasser des Flusses ist und was das Wasser, das vom Himmel gefallen.“*[47] Dank diesem Urvertrauen verlierst Du Deine alte Unruhe, die Dich um Dich selbst kreisen ließ. Doch Du bleibst – glücklicherweise! – realistisch und sprichst von einer neuen Unruhe, die in der christlichen Mystik bleiben muß. Denn die Verwurzelung im gekreuzigten und auferstandenen Christus ruft uns jeden Tag sein zugleich „gefährliches und befreiendes Gedächtnis“[48] in Erinnerung. Ein privates Christentum, wo jede und jeder an seine eigene Ruhe denkt, läßt sich nicht mit der Praxis Jesu verbinden:

„Ich habe euch bereits gesagt, daß die Ruhe, welche die Seelen in ihrem Inneren erfahren,

ihnen dazu geschenkt wird, daß sie im äußeren Leben um so weniger Ruhe benötigen und um so leichter darauf verzichten ... Glaubt mir, Maria und Martha müssen beisammen sein, um den Herrn beherbergen zu können und ihn immer bei sich zu behalten; sonst wird er schlecht bewirtet sein und ohne Speise bleiben."[49]

Ja, liebe Teresa, wir brauchen beide Schwestern, beide Seiten in uns. Ich will in mir mehr innere Ruhe finden, damit ich mich noch entschiedener für eine Welt, die gerechter und zärtlicher sein wird, ein- und aussetzen kann und ich den langen Atem der Hoffnung nicht verliere im Engagement für eine mystische und menschenfreundliche Kirche. „Wir müssen die Welt nicht in Macher und Träumer, in die sanfte, lauschende, sich hingebende Maria auf der einen Seite und die pragmatische, handlungsstarke Martha aufteilen."[50] Du ermutigst mich, meinen Weg nach innen fortzusetzen, um darin Gott zu erahnen, der längst schon in meiner Mitte lebt, damit mein Kampf mehr aus seiner Mitte belebt und bestärkt wird. Diese große Sehnsucht teile ich mit Dir und bleibe Dir hoffend verbunden

Pierre

ANMERKUNGEN

1 Vgl. Teresa (de Jesus): Sämtliche Schriften der hl. Theresia von Jesu. Neue deutsche Ausgabe bearbeitet, herausgegeben und übersetzt nach der spanischen Ausgabe des Silvero de S. Teresa von Aloysius Alkofer, München (Kösel) 1984, Bd 1.

2 Sören Kierkegaard: Die Krankheit zum Tode. Der Hohepriester – der Zöllner – die Sünderin, Gütersloh (GTB 422) 1978, 8.

3 Teresa von Avila: herausgegeben, eingeleitet und übersetzt von Ulrich Dobhan, Olten (Walter „Zeugnisse mystischer Welterfahrung") 1983, 49–50.

4 Ebd., 44–46.

5 Teresa von Avila: Die innere Burg, herausgegeben und übersetzt von Fritz Vogelsang, Zürich (detebe-Klassiker 20643) 1979.

6 Erika Lorenz: Eine Wohnung für Gott. Der mystische Weg bei Teresa von Avila und Johannes vom Kreuz, in dies.: Auf der Jakobsleiter. Der mystische Weg des Johannes vom Kreuz, Freiburg i. Br. (Herder) 1991, 112.

7 Der Ausdruck „Erstes Testament" wird für das sogenannte „Alte Testament" verwendet, um eine Abschätzung und Überheblichkeit zu überwinden: Vgl. Erich Zenger: Das Erste Testament. Die jüdische Bibel und die Christen, Düsseldorf (Patmos) 1991.

8 Teresa von Avila: Die innere Burg, a.a.O., 29.

9 Erika Lorenz: Ein Pfad im Wegelosen. Teresa von Avila – Erfahrungsberichte und innere Biographie, Freiburg i. Br. (Herderbücherei 1307) 1986, 12.

10 Teresa von Avila: Die innere Burg, a.a.O., 20.

11 Ebd., 21.

12 Teresa von Avila: herausgegeben von Ulrich Dobhan, a.a.O., 67.

13 Teresa von Avila: Die innere Burg, a.a.O., 22.

14 Ebd., 25.

15 Ebd., 25.

16 Ebd., 27.

17 Ebd., 31.

18 Ebd., 31.

19 Ebd., 33.

[20] Teresa von Avila: Die innere Burg, a.a.O., 41.

[21] Ebd., 43.

[22] Ebd., 44.

[23] Ebd., 58.

[24] Ebd., 66.

[25] Teresa von Avila: herausgegeben von Ulrich Dobhan, a.a.O., 49.

[26] Ebd., 19.

[27] Nikolaus von Flüe: Erleuchtete Nacht. Holzschnitte zu seinen Visionen von Alois Spichtig mit Texten von Margrit Spichtig, Freibrug i. Br. 1981 (Herderbücherei „Texte zum Nachdenken" 852), 118,119.

[28] Teresa von Avila: Die innere Burg, a.a.O., 68.

[29] Ebd., 73, 77.

[30] Ebd., 86.

[31] Ebd., 92.

[32] Vgl. Gesänge des tanzenden Gottesfreundes. Aus der Dichtung des persischen Mystikers Rumi übertragen und aufgeschrieben von Linde Thylmann. Mit Ornamenten von Karl Thylmann, Freiburg i. Br. 1978 (Herderbücherei *Texte zum Nachdenken* 679).

[33] Teresa von Avila: herausgegeben von Ulrich Dobhan, a.a.O., 204.

[34] Erika Lorenz: Licht der Nacht. Johannes vom Kreuz erzählt sein Leben, Freiburg i.Br. (Herder) 1990, 133.

[35] Teresa von Avila: Die innere Burg, a.a.O. 99.101.

[36] Fulbert Steffensky: Wie ernähren wir unsere Träume? Über den Zusammenhang von Spiritualität und der Liebe zur Gerechtigkeit, in: Kuno Füssel, Dorothee Sölle, Fulbert Steffensky, Die Sowohl-als-auch-Falle. Eine theologische Kritik des Postmodernismus, Luzern (Edition Exodus) 1993, 88–89.

[37] Erika Lorenz: Ein Pfad im Wegelosen, a.a.O., 145.

[38] Teresa von Avila: Die innere Burg, a.a.O., 110.

[39] Erika Lorenz: Ein Pfad im Wegelosen, a.a.O., 47–82.

[40] Folgende Bücher haben diese Vertiefung in mir gefördert: Wunibald Müller: Intimität. Vom Reichtum ganzheitlicher Begegnung, Mainz (Grünewald) 1989. Ders.: Ekstase. Sexualität und Spiritualität, Mainz (Grünewald) 1992. Anselm Grün, Gerhard

Riedl: Mystik und Eros, Münsterschwarzach (Vier-Türme-Verlag, Münsterschwarzacher Kleinschriften Band 76) 1993.

[41] Wunibald Müller: Ekstase, a.a.O., 80.

[42] Martin Buber: Ich und Du, Heidelberg (Lambert Schneider) 11., durchgesehene Auflage 1983, 18.

[43] Erika Lorenz: Ein Pfad im Wegelosen, a.a.O. 135–149. Vgl. auch dies.: Nicht alle Nonnen dürfen das. Teresa von Avila und Pater Gracián – die Geschichte einer großen Begegnung, Freiburg i. Br. (Herderbücherei 1090) 2. Aufl. 1984.

[44] Anselm Grün, Gerhard Riedl, a.a.O., 62.

[45] Heinrich Seuse (1293–1366), in: Walter Nigg: Das mystische Dreigestirn. Meister Eckhart, Heinrich Seuse, Johannes Tauler, Zürich (detebe 21933) 1990, 180–189.

[46] Pierre Teilhard de Chardin: Briefe an Frauen, ausgewählt und erläutert von Günther Schiwy, Freiburg i. Br. (Herder) 1988.

[47] Teresa von Avila: Die innere Burg, a.a.O., 196.

[48] Johann Baptist Metz, in: Franz-Xaver Kaufmann, Johann Baptist Metz: Zukunftsfähigkeit. Suchbewegungen im Christentum, Freiburg i. Br, (Herder) 1987, 156.

[49] Teresa von Avila: Die innere Burg, a.a.O. 211, 212. Vgl. auch Meister Eckhart, der Martha als reifes Beispiel für die Synthese von Kontemplation und Aktion hervorhebt, in: Meister Eckhart: Deutsche Predigten und Traktate, Herausgegeben und übersetzt von Josef Quint, Zürich (detebe-Klassiker 20642) 1979, 280–289.

[50] Maria und Martha. Die Einheit von Handeln und Träumen, in: Dorothee Sölle: Das Fenster der Verwundbarkeit. Theologisch-politische Texte, Stuttgart (Kreuz) 1987, 107.

Vertrauen, wenn es auch Nacht ist

Johannes vom Kreuz (1542–1591)

Juan de Yepes Alvarez wird 1542 in Fontiveros, einem Dorf in der Provinz Avila, geboren. Schon mit drei Jahren verliert er seinen Vater und seine Mutter. Verarmt zieht er mit den beiden älteren Brüdern nach Medina del Campo. Als Heranwachsender arbeitet Juan als Schreiner, Schneider, Bildschnitzer, Maler und vor allem als Krankenpfleger.

Nach langem Suchen tritt er 1563 in den Karmel zu Medina del Campo ein. Er studiert an der Universität in Salamanca, und ab 1567 unterstützt er Teresa von Avila in ihren Reformplänen. Dieses Engagement bringt ihn trotz wichtiger Aufgaben – Novizenmeister, Rektor – in große Schwierigkeiten mit seinen reformunwilligen Mitbrüdern, den beschuhten Karmeliten. 1577 nehmen sie Juan de la Cruz gefangen und verschleppen ihn nach Toledo, wo er unter unmenschlichsten Bedingungen neun Monate im Klostergefängnis eingesperrt ist. Während dieser Zeit entstehen seine schönsten Gedichte: *Der geistliche Gesang – Lied der Liebe* und wohl auch *Die dunkle Nacht*.

Juan ergibt sich nicht seinem Schicksal und wagt eine abenteuerliche Flucht nach Andalusien. Eine Zeit lang kann sich seine Reform durchsetzen, er wird Provinzialvikar und auf dem 1. Generalkapitel erster Berater. Nebst seiner wichtigen Aufgabe im Orden kommentiert er seine Gedichte in vier mystischen Schriften *Empor den Karmelberg*, *Die dunkle Nacht*, *Der geistliche Gesang* und *Die lebendige Flamme*. Viele Menschen kommen zu ihm, und er ist ihnen ein einfühlsam-fordernder Begleiter. 1591 wird er auf dem 3. Generalkapitel aller Ämter enthoben. Am 14. Dezember 1591 stirbt er verkannt und einsam. 1675 wird er heiliggesprochen und 1926 zum Kirchenlehrer ernannt. In seiner anspruchsvollen Mystik ermutigt uns Fray Juan, der Nacht des Glaubens, die das Gefühl der Abwesenheit Gottes kennt, nicht auszuweichen. Denn im Dunkel des Glaubens können wir uns selbst und Gott neu begegnen.

Lieber Juan de la Cruz,

unzählige schlaflose Nächte verbinden mich sehr mit Dir. Seit Monaten will ich Dir dies mitteilen. Ich habe es nicht getan und wochenlang vor mich hingeschoben. Aus Angst, nicht verstanden zu werden? Aus falscher Bescheidenheit, Dich, den großen Kirchenlehrer, mit meinen Problemen zu belästigen? Aus Unsicherheit, letztlich doch nicht das ausdrücken zu können, was mich zutiefst bewegt und verunsichert?

Heute will ich es tun. Ich will versuchen, zu mir zu stehen. Ich will Dich anteilnehmen lassen an meinem Weg durch die eigene Nacht der Menschen- und Gottesferne. Denn durch Deine Gedichte habe ich in den dunkelsten Stunden meines Lebens erahnt, daß für mich einzig der Weg durch die dunklen Abgründe innere Befreiung bewirken wird. Ein Weg, dem ich lange ausgewichen bin, weil die Angst vor der Verunsicherung und Verlorenheit in der Dunkelheit zu groß war. Irgendwann war der Leidensdruck so groß, daß ich gar keine andere Wahl mehr hatte. Deine Gedichte haben mir in manchen scheinbar auswegslosen Stunden ein Stück Halt gegeben. Davon möchte ich Dir erzählen. Von der Kraft, die wenige Worte, wie zum Beispiel „auch wenn es Nacht ist"[1] bewirken können. Für mich ist ganz wichtig, in Dir einen Mann und Priester zu entdecken, der es wagt, sich auf einen inneren Prozeß einzulassen, einen Mann, der vor den sensiblen Seiten seines Lebens nicht davonspringt und der seine weiblichen Seiten entdeckt und lebt. Deine Hymnen an die Nacht sind nicht billiger Trost auf einen neuen Morgen, sondern durchlebte innere Kämpfe, die persönliche Wandlung und Veränderung ermöglichen. Deine Gedichte gaben meinen mir oft so sinnlos erschienenen schlaflosen Nächten eine neue Dimension der Menschwerdung: Die Dimension des Loslassens, des Sterbens, um neu oder, besser gesagt, endlich ganzheitlicher zu leben. Der Anfang eines Deiner Gedichte:

> *„Ich lebe, ohne in mir zu leben,*
> *und auf solche Weise hoffe ich,*
> *daß ich sterbe, weil ich nicht sterbe.“* [2]

war für mich wie ein Spiegel für jahrelanges ungelebtes Leben. Es fiel mir immer und es fällt mir heute noch schwer, meine Grenzen, Schwächen und meine Bedürftigkeit anzuerkennen. Gefühle der Ohnmacht, Aggression, Trauer, Zweifel und Wut erlaube ich mir kaum zu leben, obwohl sie ganz klar zu mir gehören. So lebte ich lange, ohne in mir auch die feinen Seiten zu leben. Mein Leben war stark geprägt von den Erwartungen der andern, die ich bedingungslos zu erfüllen suchte. Ein Lebensmotiv, das seit meiner Kindheit in mir fest verankert ist. Es zu durchbrechen ist sehr schwer, ist wie ein Sterbeprozeß, in dem alte, angelernte Lebensmuster langsam absterben müssen, damit ein freierer Mensch geboren wird, der bewußter mit seiner Geschichte umgehen kann. Ein Prozeß, der im Bauch des Fisches geschieht, im Dunkeln, Unscheinbaren. Du ermutigst dazu und besingst darum die Nacht als Ort, wo dieses neue Leben behutsam wachsen kann, weil sich in diesem Prozeß Gott selbst ereignet, sogar dann, wenn wir zutiefst von seiner Abwesenheit überzeugt sind. Dieses uferlose Vertrauen bringt Dich selbst dazu, Stufe um Stufe in die eigene Dunkelheit der Seele hinabzusteigen, *„ohne anderes Licht und Geleit außer dem, das in meinem Herzen brannte.“* [3] Eine Zusage, die mich innerlich sehr bewegt und die ich in einem meiner Lieblingslieder aus Taizé wieder finde: „De Noche, iremos de noche, que para encontrar la fuente sólo la sed nos alumbra – des Nachts werden wir ziehen: um die Quelle zu finden, ist der Durst unser einziges Licht."

Ja, der Durst nach einem Leben, in dem ich mehr in Einklang mit mir selbst und dadurch mit Gott leben kann, ist jene Sehnsucht, die mich dazu geführt hat, mehr zu meinen Grenzen, Verletzungen, Schwächen und meinem Bedürfnis nach Geborgenheit zu stehen. In der Nacht gelingt mir dies besser als am Tag, weil da trotz der unendlichen Dunkelheit der Selbstzweifel und der grausamen Leiden unserer Welt jedes noch so kleine Licht die Dunkelheit erhellen kann. Deine Gedichte, die den Schmerz und die Trauer nicht überspielen und mit frommen Worten überhöhen, sondern ihnen Existenzberechtigung und Heilungskraft verleihen, sind für mich ein solches Licht. Sie entbrannten in mir eine neue Leidenschaft für Gedichte, die vom Geheimnis der Nacht sprechen. Es sind so viele:

Rainer Maria Rilke, der an die Nächte glaubt[4]; Hilde Domin, die von der zärtlichen Nacht spricht[5]; Nelly Sachs, die sich von der Nacht in Besitz nehmen läßt[6]; Paul Celan, der von Dunkel zu Dunkel lebt[7]; Rose Ausländer, die von der unendlichen Sonnenfinsternis schreibt[8]; Erich Fried, der den Arm um die Nacht legt[9]; Georg Trakl, der vom Gesang und Wahnsinn der Nacht singt[10]; Ernesto Cardenal, der ohne etwas im Dunkeln bleibt[11]; und Edmond Jabès, der die Nacht in der Mitte seiner Erwartung entdeckt[12].

Bei ihnen allen erahne ich jene Worte des Mystikers Dionysius Areopagita, der vom Glanz aus der Finsternis spricht: *„Darum sieht sich Gott nur in der Finsternis"*[13]. Es sind Worte, die Dich und viele andere Mystikerinnen und Mystiker

entscheidend geprägt haben. Dionysius Areopagita fordert zum Schweigen auf, denn *„je
näher wir Gott sind, um so karger werden unsere
Worte."*[14] Diese Kargheit der Worte, eine Verunsicherung in meinem Beten hat mich in meinen schlaflosen Nächten eingeholt. Ich habe sie
nicht als Gottesnähe, sondern als Gottesferne erfahren. Darum hielt ich das Schweigen auch nicht
aus, weil ich darin nur auf innere Leere und Unruhe stieß. Nun weiß ich, daß ich nur durch
Schreien zum Schweigen kommen kann. Deine
Gedichte und Deine Gedanken zur dunklen
Nacht bestärkten mich, meine „unaufhaltsamen
Gebete in Stunden der Nacht"[15] aufzuschreiben
und zu veröffentlichen. Deine Spiritualität der
Nacht läßt mich mehr Mensch werden, weil ich
vor meinem Schatten nicht mehr davonlaufen
muß. Zugleich fühle ich mich ermutigt, mir mehr
Raum zum Schreiben zu nehmen. Denn schrei-
bend kann ich meine Gottsuche am besten ausdrücken. Von dieser Hoffnung spricht auch der
folgende Text, der an meiner Zimmertür hängt:
„,Macht Gebete aus meinen Geschichten', sagte
der berühmte Rabbi Nachman von Bratzlaw zu
seinen Anhängern. Bei Franz Kafka, seinem spä-
teren Schüler, klang dieser Gedanke nach, als er
ganz einfach erklärte, daß Schreiben gleich Beten
sei."[16]

* * *

Heute habe ich verschiedenen Personen erzählt,
daß es mir nun endlich gelungen ist, Dir zu schreiben. Viele kennen Dich nicht, und jene, die Dich
kennen, sehen Dich als schwermütigen, ernsten
Menschen. Ja, lieber Juan, für viele bist Du jener
weltfremde Asket, der wenig Freude im Leben
entdecken konnte. Auch ich habe dieses einseiti-

ge Bild von Dir gehabt, und jedes Mal, wenn Du von Askese und Selbstverleugnung schriebst, mußte ich mich bemühen, weiter zu lesen. Wie Du vom ersten Brief her weißt, habe ich Dich deshalb nicht beiseite gelassen, weil ich in Dir hinter diesen Worten so viel leidenschaftliche Sehnsucht nach echtem Leben entdeckte, daß ich Dich selbst kennenlernen wollte. In Deinem *Lied der Liebe – Wechselgesang zwischen der Seele und ihrem Bräutigam*[17] wird spürbar, wie sinnenhaft Du gelebt und gefühlt hast. Inspiriert vom biblischen Hohenlied kommt Deine Sehnsucht nach Geborgenheit in der Stimme der Braut zum Ausdruck, die auch Deine tiefe Verbundenheit mit der Schöpfung bezeugt:

„ Wo hast du dich versteckt,
Geliebter, und hast mich seufzend zurückgelassen?
Wie der Hirsch bist du entflohen,
nachdem du mich verwundet hast;
ich dir nach, rufend, doch du warst gegangen ...

Nach meiner Liebe suchend
werde ich diese Berge und Gestade durchqueren,
weder Blumen pflücken
noch mich vor wilden Tieren fürchten
und die Festen und Grenzen überschreiten ...

Mein Geliebter, die Berge,
die einsamen, waldigen Täler,
die fremden Inseln,
die wohlklingenden Flüsse,
das Pfeifen der verliebten Lüfte!“[18]

Du widmest diese Hymne der Liebe der Priorin Ana de Jesus, weil Du mit ihr eine „besondere Freundschaftsbeziehung"[19] lebst und für Dich Beziehungen lebensnotwendig sind. Du sehnst

Dich wohl nach Einsamkeit, doch Deine Gottesbeziehung führt Dich zu den Menschen. So gelingt es auch Teresa von Avila, Dich für ihre Reformpläne zu motivieren, und Du wirst der erste „unbeschuhte" Karmelit, weil sie Deine Klugheit, Deine menschliche Reife und Weisheit wahrgenommen hat.[20] Du begleitest die Schwestern in den Klöstern mit Wohlwollen und Humor. Die vielen Menschen, die Dich aufsuchen, die Kranken, die Du pflegst, zeigen Dich als Menschen, der nicht nur in der Stille, im Dichten und in theologischen Kommentaren die Nähe zu Gott sucht, sondern diese Nähe auch mit viel Empathie mit den Menschen lebt. Beim Aufbau neuer Klöster schreckst Du nicht vor den Beschwerlichkeiten, die mit den Bauarbeiten verbunden sind, zurück. Auf die Frage, wie Du es zwischen Kalk und Steinen aushältst, antwortest Du: *„Wenn ich mich mit solchen Dingen beschäftige, habe ich weniger Probleme, als wenn ich mit Menschen umgehe."*[21] Weil Du intensiv auf die Menschen und ihre Fragen eingehst, weißt Du, wovon Du sprichst. Deine Briefe[22] zeichnen von Dir ein Bild, das den Menschen Veränderung zuspricht und jeden Menschen zu seinem ganz persönlichen, geistlichen Weg ermutigt. Du nimmst Dir viel Zeit für die geistliche Begleitung von Menschen und scheust Dich deshalb nicht, jene zu kritisieren, die es nicht wagen, einen persönlichen Glaubensweg zu gehen und die Menschen an sich binden wollen, statt sie mit innerer Freiheit zu begleiten, weil sie nicht auf Gott vertrauen, der längst schon im Innern des Menschen anwesend und wirksam ist:

„Wenn du dich auf nichts anderes als auf das Hobeln verstehst, das heißt, die Seele nur zu Weltentsagung und Überwindung der Begehrlichkeiten führen kannst, oder wenn du ganz Bild-

schnitzer bist und es vermagst, sie in heilige
Medidationen einzuführen, mehr aber weißt du
nicht, wie willst du dann die Seele zur Vollkommenheit eines echten Gemäldes führen? Denn das
erreicht man weder durch Hobeln noch durch
Schnitzen, auch nicht durch Skizzen und Ent-
würfe. Dieses vollkommene Gemälde ist allein
das Werk des in der Seele wirkenden Gottes. Darum wird sie mit Sicherheit zurückfallen oder zu-
mindest in ihrer Entwicklung stehenbleiben, wenn
du sie immer nur das gleiche lehrst und sie an
diese eine Weise bindest. Ich frage dich, was würde das denn für ein Bild, wenn in der Seele ständig gehämmert und gehobelt wird, was nichts
anderes ist, als ein Üben der natürlichen Seelenkräfte? Wie soll daraus ein Gemälde werden?
Wann und wie gibt man endlich Gott Gelegen-
heit, es zu malen? Ist es denn möglich, daß du
dich so auf sämtliche Künste verstehst, daß du
darin so perfekt bist, daß diese Seele nichts weiter
braucht als dich? Und selbst gesetzt den Fall, daß
du für eine bestimmte Seele ausreichst, weil es ihr
vielleicht an Begabung zum Weiterkommen fehlt,
so ist es doch ganz unmöglich, daß dein Können
für alle reicht, die du nicht aus den Händen lassen willst. Denn eine jede wird von Gott auf verschiedenen Wegen geführt, du wirst kaum eine
geistige Anlage finden, die Gott auch nur halb-
wegs in der gleichen Weise führt wie eine andere. «23

Nur wer selbst diesen Weg wagt, kann auch
andere begleiten.

* * *

Ein Gedanke hat mir den Zugang zu den Kommentaren Deiner Gedichte immer wieder erleich-
ert: „Vor allem muß man wissen: wenn die Seele

Gott sucht – viel dringlicher sucht Gott die Seele."[24] Diese Verheißung ließ mich den Grund Deiner anspruchsvollen Suche nie aus den Augen verlieren: Gott ist längst in jedem Menschen geheimnisvoll lebendig. Wohl kommt es auf die Bereitschaft des Menschen zur Wandlung an, doch die eigene Leistung ist nicht das Entscheidende, sondern die Bereitschaft sich begleiten zu lassen. Uns allen gilt die Zusage, *„daß Gott in jedem Menschen, auch im größten Sünder, wesentlich wohnt und wirkt.*"[25]

Das Durchleiden der dunklen Nacht des Glaubens hat nur ein Ziel, die Vereinigung mit Gott. Dabei darf es niemals um ein apolitisches Erhöhen des Leidens gehen, sondern allein darum, allen Dimensionen unserer Existenz gerecht zu werden. Dazu gehört auch, daß wir einen Teil unseres Lebens erleiden, wenn wir liebens- und beziehungsfähige Menschen werden wollen.[26] Leidensmystik darf nie durch Masochismus ersetzt werden, und sie erfordert ein neues Gottesbild. Denn das „entscheidende Moment in der Mystik des Leidens ist nicht, wie eine oberflächliche Kritik meint, seine Irrationalität, die das Leiden auf eine wunderbare Weise in ein ersehntes Gut verwandelt. Entscheidend ist vielmehr die Entmächtigung des Leidmachers durch eine Ich-Stärke, die im Leiden nicht zerstört wird."[27] Leiden also, an dem ich wachsen kann. Und wenn ich daran zerbreche?

Dein persönlicher innerer Weg lebt von der Hoffnung, die ich auch im Weg des Volkes Gottes entdecke. Ein Weg, der aus der Entfremdung in ein neues Land der Geschwisterlichkeit und Gerechtigkeit führt. Ein Aufbruch, der ohne den Gang durch die Wüste seinem Ziel nicht näher kommt.[28]

Diesen inneren Befreiungsprozeß eines Menschen vergleichst Du mit dem Durchwachen einer Nacht, das von drei verschiedenen Phasen geprägt ist: dem vergehenden Tag, der intensiven Finsternis (Mitternacht) und dem anbrechenden neuen Morgen. Das Ziel dieses Weges ist der aufrechte Mensch, der besser mit seinen Mechanismen und Abhängigkeiten umgehen kann. Denn ein Leben ohne Leiden, Schwierigkeiten, Erfolglosigkeit oder Angst, allein dazustehen, ist ohne echte Liebe. Tiefsinnig drückt dies Dorothee Sölle aus: „Das Leben zu wählen, heißt, das Kreuz zu umarmen."[29] Diese Grundhaltung versuche ich nun auch in Deinem Weg durch die Nacht zu entdecken. Sie ist für mich glaubwürdig, weil es sich bei Deinen Gedanken nicht um theologische Spekulationen handelt, sondern Du sie schmerzlich durchlebt hast. Sie sind geprägt von Deiner Erfahrung im Ordensgefängnis. Deine nicht-reformwilligen Gegner nahmen Dich 1577 gefangen. Neun Monate verbrachtest Du unter unmenschlichsten Bedingungen im Kerker, und es ist für mich einfach unerklärlich, wie Du in dieser Zeit, eben in Deiner dunkelsten Nacht, Deine schönsten Gedichte schreiben konntest. Immer wieder versuchen Menschen, sich in Deine aussichtslose Lage zu versetzen. In einem fiktiven Tagebuch von Dir kann ich lesen, was in Dir damals vorging:

„Ich aber saß den ganzen Tag im Dunkeln und kämpfte gegen Übelkeit wegen des Geruchs. Man hatte mich in den fensterlosen Gäste-Abort gesperrt, der an den Schlafsaal für Besucher anschloß. Das geschah einfach, indem man die in den Holzboden eingelassenen zweckdienlichen Öffnungen mit einem dicken Brett bedeckte. Ein weiteres Brett erhielt ich zum Schlafen, dazu zwei Decken, das war alles. Mein Brevier hatte man mir gelassen. Ich konnte es aber nur lesen, wenn mittags die Sonne schien. Dann erstieg ich die

kleine Bank, die an der Außenwand der Zelle angebracht war, um ein wenig von dem schmalen Lichtstreifen zu erhaschen, der durch den Lüftungsspalt fiel. Draußen rauschte mächtig der Tajo, aber ich konnte ihn nicht sehen. Der Mangel an Sauberkeit machte mir mit jedem Tag mehr zu schaffen, denn niemals erhielt ich ein reines Hemd, und meinem Wächter schien es natürlich, den kleinen Raum weiterhin als Abort zu betrachten: manchmal versäumte er tagelang, meinen Nachttopf zu leeren ...

Ja, schlimmer als alle äußeren Leiden, schlimmer als alle Finsternis meines Kerkers war das Dunkel, das mir unaufhaltsam das Gemüt verfinsterte. Da half kein Beten, denn beim Beten erfuhr ich nur ‚Trockenheit‘, das Gefühl existentieller Gottesferne. Das Messelesen war mir sowieso verwehrt, und je mehr ich nachdachte, um so heftiger überfielen mich Zweifel und das Gefühl absoluter Verlassenheit. Die tiefe ‚Nacht des Geistes‘ hatte mich eingeholt, aber ich wußte es nicht ... Ich sollte nun praktisch lernen, was ich theoretisch wußte.“[30]

Deine Erfahrung der Sinnlosigkeit hat mich zu Dir geführt, und mit mir kommen viele Menschen, die ausgebeutet, gefoltert, mißbraucht, verachtet, entfremdet und ausgelaugt sind, um Dich zu fragen, ob es möglich ist, trotz all der Perversitäten, die Menschen einander zufügen können, an das Gute im Menschen zu glauben. Die Antwort, die Du in Deinen Kommentaren zu den Gedichten (*Empor dem Karmelberg* und *Die dunkle Nacht*) aufgeschrieben hast, ist radikal. Sie ist keine Symptombehandlung, kein billiger Trost, sondern geht an die Wurzeln unserer Existenz. Dies beeindruckt mich zutiefst, und ich will mich durch meine eigenen Fragen von Dir begleiten lassen, weil Du selbst die Spannung des

gekreuzigten und auferstandenen Christus in Dir
lebst:

„Dieser ewige Quell ist verborgen
in diesem lebendigen Brot, um uns Leben zu geben,
auch wenn es Nacht ist.

Er ruft herbei die Geschöpfe,
und sie sättigen sich an diesem Wasser auch im
Dunkeln,
da es ja Nacht ist.

Diesen lebendigen Quell, den ich ersehne,
in diesem Brot des Lebens erblicke ich ihn schon,
wenn es auch Nacht ist.“[31]

* * *

„Aller à Dieu, est-ce s'enfoncer dans la nuit jusqu'à
sa fin?", fragt Edmond Jabès.[32] Ja, Gott entgegen-
gehen, heißt, sich bis an das Ende der Nacht hin-
einzubegeben. Zu diesem Abenteuer der Selbsterkenntnis und -werdung lädst Du ein. Du tust es,
weil Du aus eigener Betroffenheit soviel Not wahr-
nimmst und Du die Menschen damit nicht alleine
lassen möchtest. Ich bin Dir sehr dankbar für Deine
Anleitungen, denn eine der schlimmsten Erfahrungen in meiner Krise war, mich alleine mit meinen Gedanken und Gefühlen zu glauben. Eine
Erfahrung, die ich mit vielen Menschen teile. Einsamkeit, Heimatlosigkeit, Sinnlosigkeit und Gottverlassenheit sind die Wundmale unserer Zeit. Du
sprichst davon, und ich kann mich mit vielen Deiner Worte – trotz Deiner mir oft fremden theologischen Sprache – identifizieren, die mich auffor-
dern, behutsam den Weg zu meinen Verletzungen
zu wagen. Ein Weg, der für mich sehr viel mit
Loslassen und Sterben zu tun hat, wie ich Dir

schon einmal geschrieben habe. Du hast mir geholfen, meine Revolte gegen den Tod ein wenig abzubauen, hast mich begleitet, im „eigenen, alltäglichen Sterben". So kann ich Sterbenden heute ganz anders begegnen, denn ich habe selbst erfahren, daß Sterben zu neuem Leben führt.

Dein Aufruf, auch den Weg durch die Nacht des Zweifels zu gehen, hat ein hoffnungserweckendes Ziel – mündiges und aufrechtes Christsein:

„Wenn eine Seele sich mit Entschiedenheit dem Dienst Gottes zuwendet, pflegt Gott sie zumeist geistlich zu umsorgen wie eine liebende Mutter ihr zartes Kind: sie wärmt es an ihrer Brust, nährt es mit süßer Milch, trägt es auf ihren Armen und herzt es. Im Maße es aber heranwächst, entzieht ihm die Mutter diese Art ihrer Pflege, entzieht ihm ihre Zärtlichkeit, bestreicht die süße Brust mit Bitterem, läßt es von den Armen herab, um es auf eigenen Füßen stehen zu lassen, damit es die Art des Säuglings ablege und sich Wesentlicherem zuwende."[33]

Auch wenn manche Deiner Texte von Selbstverneinung und Selbstverleugnung sprechen, so darf Dein wesentliches Ziel nicht aus den Augen gelassen werden. Du mutest dem Menschen sehr viel zu: Loslösung von falschen Abhängigkeiten – Ausziehen der Kinderschuhe des Glaubens, um auf eigenen Füßen selbst das Wesentliche zu entdecken. In diesem Prozeß der Selbstwerdung muß sich jeder, der ihn ehrlich wagt, darum auch mit seinen Schattenseiten auseinandersetzen. Du nennst dies die Nacht der Sinne, in der es um die Erkenntnis eigener Mechanismen und Schuld geht. In der dunklen Nacht der Sinne nennst Du die sieben Hauptlaster (Stolz, Habsucht, Unkeuschheit, Zorn, Genußsucht, Neid, Trägheit) nicht deshalb, weil Du den Menschen klein und schlecht halten willst. Im Gegenteil, Dir geht es wie im Enneagramm, das aus der östlichen Weisheitstradition der Sufis stammt, um das Entdecken der „Wurzelsünde"[34], damit wir unsere dunklen Seiten besser integrieren können. Dies ist – auch wenn es wehtut – sehr befreiend.

Ich tue mich schwer, zu mir zu stehen und bin oft in Gefahr, mir etwas vorzumachen. Dein Weg ermutigt mich, meine Allmachtsphantasien loszulassen und mehr zu meinen Grenzen zu stehen. Deine Praxis zeigt mir, daß es Dir um die Befreiung des Menschen geht; in Deinen Vergleichen und Bildern sprichst Du klar davon. Wer sein Leben vom *Haben* leiten läßt, wird nie wirklich er selbst werden können. Auch kleinste, unscheinbare Fixierungen[35] verhindern die Loslösung von eingespielten Mustern: „*Dies erscheint mir so, als wäre ein Vogel mit einem feinen statt mit einem groben Faden angebunden; auch der feine Faden hält ihn so fest wie ein grober, solange er ihn nicht zerreißt, um aufzufliegen. Wohl ist der feine zu zerreißen; doch so leicht es auch ist, zerreißt man ihn nicht, so wird man nicht fliegen.*"[36] Dieses Bild ist für mich zur Aufforderung geworden, die kleinen, subtilen Abhängigkeiten in meinem Leben zu entdecken. Es führt mich dazu, meine Wertordnung zu verändern und mir mehr Zeit für mich zu nehmen, um in der Stille und in der wohlwollenden Auseinandersetzung mit andern, meine Fremdbestimmungen im Leben zu entdecken, die mich am Fliegen hindern. In diesem Prozeß sprichst Du von einer aktiven und passiven Seite.

* * *

In der *Aktiven Nacht der Sinne* geht es um den Reinigungsprozeß, wie ihn auch der Psychoanalytiker Erich Fromm (inspiriert von Meister Eckhart) benennt: „Laut Eckhart ist unser Ziel als Menschen, uns aus den Fesseln der Ichbindung und Egozentrik, das heißt des Habensmodus, zu befreien, um zum vollen Sein zu gelangen ... Sein ist Leben, Aktivität, Geburt, Erneuerung, Ausfließen, Verströmen, Produktivität."[37] Ohne Begleitung ist dieser schmerzliche Weg nicht möglich. Denn wer sich in die Stille wagt, dem begegnen nicht nur Alltagsgedanken. „Alles, was im Laufe der Jahre ins persönliche Unbewußte verdrängt, ‚unter den Teppich gekehrt' wurde, fühlt sich jetzt ermutigt, auf der inneren Bühne seinen Platz einzunehmen."[38]

Auf diesem Weg versuche ich nun zu gehen, lieber Juan, und Deine Zusage, daß es wohl auf meine Schritte ankommt, aber Gott mich letztlich begleitet, hilft mir, Vertrauen in den eigenen Prozeß zu haben. Du nennst dies die *Passive Nacht der Sinne*, den Übergang von der Meditation zur Kontemplation: *„Das Verhalten in der Nacht der Sinne aber besteht darin, daß man sich nicht länger mit Nachdenken und Meditieren befaßt, denn dafür ist jetzt die Zeit nicht mehr. Man halte vielmehr die Seele in Gelassenheit und Ruhe, auch wenn es den Anschein hat, man täte nichts und verliere seine Zeit ... alles was man tun soll, ist, die Seele unbehindert von allen Begriffen und Gedanken freizuhalten, ohne sich zu kümmern, was man bedenken oder betrachten soll, sich begnügend mit einem liebenden ruhigen Aufmerken auf Gott, ohne Besorgnis, ohne den Wunsch, ihn zu kosten oder zu fühlen."*[39]

Dieses liebevolle Aufmerken auf Gott ist das Entscheidende in dem oft schmerzlichen Prozeß der Selbstfindung: *„Sie mögen es lernen, in liebevoller Aufmerksamkeit Gott zugewandt in jener Ruhe zu verweilen, und sich nicht mit der Einbil-*

dungskraft und ihrem Wirken abgeben; denn, wie gesagt, nun ruhen die Kräfte, und sie verhalten sich nicht mehr aktiv, sondern passiv, indem sie aufnehmen, was Gott in ihnen wirkt."[40] Dies sagst Du so leicht. Sprichst Du so oft davon, weil Du selbst ein Leben lang um dieses liebende Aufmerken gerungen hast? Wenn ich Dein Leben anschaue, dann sehe ich darin dieses ständige innere und äußere Unterwegssein, das lebt von der Sehnsucht nach Ankommen und der Vereinigung mit Christus. Auch diesen Weg versuchst Du konsequent zu gehen, und Du scheust Dich daher nicht, bestimmte religiöse Praktiken in Frage zu stellen.

In der *Aktiven Nacht des Geistes* hinterfragst Du fixierte Frömmigkeitsformen, Heiligenbilder und festgefügte Gottesbilder, indem Du einlädst, Abschied zu nehmen von einem falschen, religiösen Sicherheitsdenken. Dies wird möglich, wenn der Mensch seine drei Seelenkräfte Verstand, Gedächtnis und Wille immer wieder in Glaube, Hoffnung und Liebe verwandeln läßt:

- Der Verstand, der Ungerechtigkeit und Machtstreben (auch im Religiösen) wahrnimmt und trotzdem die Welt mit den Augen des Glaubens, d.h. der Vision einer gerechteren und zärtlicheren Welt sieht.
- Das Gedächtnis, das sich nicht nur der Vergangenheit (auch schmerzlichsten Kindheitserfahrungen) zuwendet, sondern sich durch die Hoffnung an Befreiungserfahrungen (Exodus) erinnert und sie weitererzählt.
- Der Wille, der sich nicht durch religiöses Leistungsdenken den Himmel erkaufen muß, weil Gottes Liebe größer ist als unser Herz.[41]

Dieser anspruchsvolle und befreiende Weg hat nichts von seiner Aktualität verloren. In unserer kirchlichen Umbruchphase ist es für mich wichtig, Dich Juan als Kirchenlehrer zu kennen, der eine offene Kirche vertritt, die wohl aus dem Geist der Tradition lebt und sich von der Tradition inspirieren läßt, die jedoch nicht an Formulierungen und Äußerlichkeiten festhält, und Gott immer neu entdeckt, deutet und feiert. Diese Grundhaltung der Offenheit führt zur schmerzlichsten und befreiendsten Phase, zur *Passiven Nacht des Geistes, zur Nacht Gottes.* Du denkst so groß vom Menschen, daß Du ihm zumutest, sogar Gott immer wieder loszulassen, um die Beziehung zu ihm lebendig bleiben zu lassen. Denn das Schlimmste, was einer Beziehung geschehen kann, ist Gewöhnung aneinander. In Deinem Leben, in Deinen Beziehungen steht die Wandlung im Zentrum. Dieses Ideal verbindet mich mit Dir, obwohl ich mitten in diesem Prozeß bin und darum oft mehr die Nacht als das anbrechende Licht wahrnehme.

Viele Deiner Gedankengänge treffen auf meine Situation zu. Du sprichst von körperlichen Leiden und sozialen Bitterkeiten, die auf diesem Weg anzutreffen sind. Es hilft mir, durch Dich zu erfahren, daß dies leider dazugehört. Auch die große Verunsicherung in der religiösen Praxis, die Unfähigkeit, so zu beten wie bisher, sind für Dich hoffnungsvolle Wandlungszeichen. Mein schlechtes Gewissen will mir sagen, daß ich nicht mehr so radikal bin. Du unterscheidest klug zwischen Lauheit und Trockenheit. Wenn man an göttlichen Dingen keine Lust mehr verspürt, ersieht man daraus, *„daß solcher Mangel an Geschmack und solche Dürre nicht der Lässigkeit und Lauheit entspringen; besteht doch das Wesen der Lauheit darin, sich um die Dinge Gottes nicht zu kümmern und innerlich nicht darum besorgt zu sein ... Zur Zeit der Dürre in der sinn-*

lichen Nacht, da Gott den besprochenen Wandel schafft und die Seele vom Sinnlichen weg zum Geistigen, vom nachdenkenden Betrachten zur Beschauung der göttlichen Dinge führt, wo sie mit ihren eigenen Fähigkeiten nichts mehr wirken und erinnern kann, leiden die geistlichen Menschen große Qual. Und dies nicht bloß ob der Dürre, sondern wegen des Argwohns, sich auf diesem Weg verirrt zu haben. Ihnen scheint, sie hätten alle geistlichen Güter verloren, Gott hätte sie im Stich gelassen, da sie an nichts Gutem mehr Halt und Trost finden können ... Finden solche in dieser Zeit niemanden, der sie versteht, so machen sie Rückschritte."[42]

Dieser letzte Gedanke wird zur entscheidenden Schlüsselfrage. Deine Mystik der Nacht läßt die Menschen nicht allein, sondern Du selbst hast unzählige begleitet und ermutigt. Bis heute bist Du darum all jenen nahe, die wie Du harte Schicksalsschläge verarbeiten müssen. All jene, die an Gottes Abwesenheit leiden und mit ihm ringen, finden in Dir einen Sympathisanten, einen Mit-ihnen-Leidenden. So erstaunt es nicht, daß Du als biblische Zeugen Jakob, Ijob, Jeremia und Jona anführst. Ich fühle mich von Dir verstanden, obwohl ich vieles nur zaghaft in mir nachvollziehen kann. Doch in meinen schlaflosen Nächten, in denen ich nach Sinn schreie, höre ich durch Deine Gedichte von jener Wirklichkeit, die oft wie vernebelt scheint: vom Anbrechen eines neuen Morgens.

* * *

Bei der intensiven Begleitung eines sterbenden Aidskranken half mir Deine Wegleitung durch die Nacht. Ohnmächtig dabei zu sein, wenn der Körper eines jungen Menschen brutal zerstört wird, ließ in mir all die Fragen aufsteigen, die Du in der Nacht der Sinne beschreibst. „Was bleibt nun von meinem Leben?" war die brennende Frage, die zur Nacht des Glaubens führte, die von Revolte, Wut und Nichtwahrhabenwollen geprägt war. Dank Deiner Worte habe ich nicht nach einer Antwort gesucht, sondern ich ging mit dem Sterbenden den Weg durch sein Leben, damit er ehrlicher zu sich, seinen dunklen und hellen Seiten stehen konnte. Welch ein Widerspruch, in diesem schmerzvollen Prozeß der Nacht Gottes ereignete sich intensivstes Leben! Je näher der Tod sich abzeichnete, um so mehr konnte der Sterbende loslassen.

Kurz vor seinem Tod fragte ich ihn, ob ich ihn segnen dürfe. Bevor er nickte, schaute er mich lange an. Ich sprach ihm das Gute zu, das wir neu in seinem Leben entdeckt hatten: das Wohlwollen Gottes. Beim Abschied sagte ich ihm: „Ich wünsche dir ..." Dann blieben mir die Worte im Halse stecken. „Ja, was soll ich dir wünschen?", fragte ich ihn. Ringend um Worte gab er mir sein Testament zur Antwort: „Wünsche mir, daß ich ja sagen kann zu *meinem* Leben, dankbar bin und loslassen kann." Einige Stunden später konnte er gelassen sterben, und ich sehe in seinen Worten eine Antwort auf die Frage nach unserem Lebenssinn. Dein radikales Ernstnehmen der eigenen Nacht hilft mitzuleiden mit all den Menschen, denen diese Zuversicht fehlt. Das Aushalten dieses Schmerzes verbindet mit Christus. Denn er selbst ging hinein in jene dunkle Nacht, die die in Auschwitz ermordete Edith Stein – inspiriert von Dir – beschreibt: „Darum darf die Seele Trockenheit und Dunkelheit als glückliche Anzeichen ansehen: als Anzeichen, daß Gott daran ist, sie von sich selbst zu befreien ... Kein Menschenherz ist je in eine so dunkle Nacht eingegangen wie der Gottmensch in Gethsemani und auf Golgotha. In das unergründliche Geheimnis der Gottverlassenheit des sterbenden Gottmenschen vermag kein forschender Menschengeist einzudringen."[43]

Wenn wir dem eigenem Leiden beim Sprung in die eigenen Abgründe nicht ausweichen, so ist dies ein klarer Protest gegen die Diktatur der Konsumwelt, die uns auf oberflächliches Lächeln programmieren will. Das Aushalten des Leidens drängt uns „in die praktische Solidarität mit jenen Armen, für die Armut gerade keine Tugend, sondern Lebenssituation und gesellschaftliche Zumutung ist."[44] Du, Juan, erinnerst uns durch Dein Leben und Dein Werk, daß der Weg zur mystischen Vereinigung nur in Solidarität mit all jenen geschieht, deren Vertrauen und Hoffnung durch Krieg, Brutalität, Vereinsamung, Ausbeutung durchkreuzt worden ist. Denn nur auf dem „Weg schmerzhafter Dunkelheiten gelangt der mystische Mensch schließlich zur Einheit mit Gott, zum Mitgekreuzigt-Werden und Mit-Auferweckt-werden mit Christus."[45] Es ist jene Verheißung, von der schon Paulus spricht, die mich bewegt weiterzugehen: „Nicht mehr ich lebe, sondern Christus lebt in mir." (Galater 2,20) Es ist jene Sehnsucht, von der Du in Deiner 4. Romanze schreibst:

„Und Gott würde Mensch,
und der Mensch würde Gott,
und er würde mit ihnen wandeln,
essen und trinken.

Und er bliebe mit ihnen unaufhörlich
der gleiche,
bis sich vollendete
die laufende Weltzeit ...

der eine in dem andern lebt,
so würde auch die Gattin sein,
die, in Gott versunken,
das Leben Gottes lebte."[46]

* * *

So vieles möchte ich Dir noch schreiben, doch ich kann es noch nicht. Zu nahe gehen mir Deine Gedanken, weil ich selbst noch mitten in diesem Wandlungsprozeß bin. Auf dieser Suche nach einem neuen Stück Identität will ich nicht vergessen, daß Du nicht nur einen Weg nach innen mit aller Konsequenz gewagt hast, sondern auf dieser Reise „den wilden Mann"[47] in Dir entdeckt und gelebt hast. Das Leiden und die Qualen Deiner brutalen Gefangenschaft nimmst Du nicht einfach als gottgewollt hin, und Du wagst deshalb eine spektakuläre Flucht. Zwei Hauptschwierigkeiten zeigen sich Dir: „die Tür der Gefängniszelle in der Nacht aufzubrechen und aus dem Fenster auf die Mauer zu springen, die sehr schmal ist und steil abwärts fällt."[48] Du knüpfst zwei Decken aneinander und mußt doch noch einen zwei Meter hohen Sprung wagen. Du tust es, suchst Zuflucht bei Dir wohlgesinnten Schwestern und erholst Dich während neun Monaten. Danach setzt Du Dich noch entschiedener für die Reform ein und bist oft unterwegs. Du schreibst Deine mystischen Erfahrungen auf, gründest Klöster, packst selbst mit an beim Bauen und bist 25 bis 30.000 Kilometer zu Fuß unterwegs. Wer Dich als vergeistigten, grüblerischen Menschen darstellt, hat nichts von Dir und Deiner Leidenschaft für die *Gute Nachricht* begriffen. Du übernimmst wichtige Ämter im Orden, doch im entscheidenden Moment setzt Du Dich für Deinen Ordensbruder P. Garcián, den Vertrauten Teresas ein, verlierst Deine Ämter und erlebst nochmals schreckliche Demütigungen von Deinen Gegnern.

Den langen Atem der Hoffnung, der Dich während 25 Jahren kämpfen ließ, verlierst Du auch im Sterben nicht. Gut tut mir, wie Du zu Deinen Verletzungen stehst: *„Mutter Priorin, ich werde nicht zum Provinzial gewählt werden, wie Sie das wünschen. Beim Kapitel wird es mit mir ganz anders kommen, als Sie und andere es denken. Im Gebet ist mir sehr deutlich klar geworden, daß man mich wie einen alten Küchenlappen in die Ecke werfen wird."*[49] Auch zu Deinen Grenzen stehst Du und schreibst am Ende eines Briefes kurz und bündig: *„Ich mag einfach nicht"*[50]. Weil Du Deine sensiblen Seiten in zölibatären, freundschaftlichen Beziehungen lebst, kannst Du Dich auch kraftvoll für mehr Menschlichkeit einsetzen. Darin fühle ich mich Dir sehr verbunden, weil Dich Dein Beseeltsein von Gott kennzeichnet: „einer zu sein, der tief in sich die Sehnsucht nach Gott, das Verlangen zu Ihm heimzukehren, spürt, und sein Leben und Tun von diesem Verlangen und der Erfüllung dieser Sehnsucht bestimmen läßt."[51] Mehr denn je braucht es Menschen, die wie Du „verrückt für Möglichkeiten"[52] kämpfen, was für Sören Kierkegaard Glauben bedeutet. Glauben verstanden als Gottespassion, die von Gott nicht billiges Glück erwartet, sondern eine Kraft, „gesellschaftskritische und befreiende Fragen und Perspektiven ins Spiel"[53] bringen zu können. Denn in einer Welt, in der Trauer, Schmerz, Ohnmacht, Verzweiflung weiterhin so verdrängt werden, muß der „Widerstand gegen den Tod des Menschen", der in der Gottespassion verwurzelt ist, neu auferstehen. Daß Du mich zu diesem Widerstandskampf, auch in unserer Kirche, immer neu anstachelst, läßt mich weiterziehen, wenn es auch Nacht ist. Dieses Vertrauen verbindet mich Dir

Pierre

ANMERKUNGEN

[1] Johannes vom Kreuz: Die dunkle Nacht und die Gedichte. Sämtliche Werke, Band 2, Einsiedeln (Johannes) 4. Auflage 1992, 205.

[2] Ebd., 193.

[3] Ebd., 165.

[4] Rainer Maria Rilke: Werke in drei Bänden. Band 1: Gedicht-Zyklen, Zürich (Ex Libris) 1966, 15.

[5] Hilde Domin: Gesammelte Gedichte, Frankfurt a. M. (Fischer) 1987, 215.

[6] Nelly Sachs: Gedichte, Herausgegeben und mit einem Nachwort versehen von Hilde Domin, Frankfurt a. M. (Bibliothek Suhrkamp) 7. Auflage 1992, 103.

[7] Paul Celan: Gesammelte Werke in fünf Bänden. Erster Band: Gedichte I, Frankfurt a. M. (Suhrkamp TB 1331) 1986, 97.

[8] Rose Ausländer: Blinder Sommer. Gedichte, Frankfurt a. M. (Fischer TB 5199) 1987, 113.

[9] Erich Fried: Befreiung von der Flucht. Gedichte und Gegengedichte, Frankfurt a.M. (Fischer TB 5864) 1990, 113.

[10] Georg Trakl: Abendländisches Gedicht. Gedichte, ausgewählt und mit einem Nachwort versehen von Jürg Amann, München (Serie Piper 514) 1987, 19.

[11] Ernesto Cardenal: Meditation und Widerstand, Dokumentarische Texte und neue Gedichte, herausgegeben von Hermann Schulz, Gütersloh (GTB Siebenstern 221) 1977, 55.

[12] Edmond Jabès: Le Livre des Questions 2, Paris (L'Imaginaire Gallimard 214) 1991, 238.

[13] Dionysius Areopagita: Ich schaute Gott im Schweigen. Mystische Texte der Gotteserfahrung, übersetzt und für die Meditation erschlossen von Volkmar Keil, Freiburg i. Br. (Herderbücherei „Texte zum Nachdenken" 1221) 1985, 45.

[14] Ebd., 65.

[15] Pierre Stutz: Du hast mir Raum geschaffen. Psalmengebete, München (Claudius), 4. Auflage 1999.

[16] Elie Wiesel: Macht Gebete aus meinen Geschichten. Essays eines Betroffenen, Freiburg i. Br. (Herder) 1986, 24.

[17] Johannes vom Kreuz: Das Lied der Liebe. Sämtliche Werke Band 3, Einsiedeln (Johannes) 4. Auflage 1992.

[18] Johannes vom Kreuz: Die dunkle Nacht und die Gedichte, a.a.O. 169,173.

[19] Ulrich Dobhan, Reinhard Körner: Johannes vom Kreuz. Die Biographie, Freiburg i. Br. (Herder) 1992, 127.

[20] Vgl. ebd., 65–79.

[21] Ebd., 166.

[22] Johannes vom Kreuz: Die lebendige Flamme. Briefe. Anweisungen, Sämtliche Werke 4. Band, Einsiedeln (Johannes) 3. Auflage 1988.

[23] Zitiert nach Erika Lorenz: Auf der Jakobsleiter. Der mystische Weg des Johannes vom Kreuz, Freiburg i. Br. (Herder) 1991, 48.

[24] Johannes vom Kreuz: Die lebendige Flamme, a.a.O. 78.

[25] Zitiert nach Johannes vom Kreuz: herausgegeben., eingeleitet und übersetzt von Johannes Boldt, Olten (Walter „Zeugnisse mystischer Welterfahrung") 1983, 125.

[26] Vgl. Das Erleiden, in: Pierre Teilhard de Chardin: Das göttliche Milieu. Ein Entwurf des innern Lebens, Olten (Walter) 8. Auflage 1979, 71.

[27] Dorothee Sölle: Leiden, Stuttgart (Kreuz) 1973, 118–119.

[28] Vgl. Gustavo Gutiérrez: Aus der eigenen Quelle trinken. Spiritualität der Befreiung, München/Mainz (Kaiser/Grünewald) 1986, 99: „Das Paradigma des Exodus und der Nächte des Johannes vom Kreuz verdeutlichen sich gegenseitig. Die Unterschiede im Ton dürfen uns nicht täuschen. Die historischen und persönlichen Dimensionen sind hier wie dort miteinander verwoben und ergänzen sich in einem Prozeß, der in beiden Fällen nach demselben Grundschema verläuft."

[29] Dorothee Sölle: Es muß doch mehr als alles geben. Nachdenken über Gott, Hamburg (Hoffmann und Campe) 1992, 131.

[30] Erika Lorenz: Licht der Nacht. Johannes von Kreuz erzählt sein Leben, Freiburg i. Br. (Herder) 1990, 134.135.

31 Johannes vom Kreuz: Die dunkle Nacht und die Gedichte, a.a.O., 207.

32 Edmond Jabès: Le Livre des Questions, Paris (L'Imaginaire Gallimard 197) 1991, 371.

33 Johannes vom Kreuz: Die dunkle Nacht, a.a.O., 24–25, vgl. auch 43,45.

34 Richard Rohr, Andreas Ebert: Das Enneagramm. Die Neun Gesichter der Seele, München (Claudius) 14. Auflage 1989, 27.

35 Fernando Urbina übersetzt den Begriff „Begierde" mit Fixierierungen. Es braucht eine reinigende Trockenheit, um sich davon lösen zu können. Vgl. Fernando Urbina: Dunkle Nacht – Weg in die Freiheit, zitiert in: Fritz Arnold: Befreiungstherapie Mystik. Gotteserfahrung in einer Welt der „Gottesfinsternis", Regensburg (F. Pustet) 1991, 134–141.

36 Johannes vom Kreuz: Empor dem Karmelberg. Sämtliche Werke 1. Band, Einsiedeln (Johannes) 4. Aufl. 1989, 46.

37 Erich Fromm: Haben oder Sein. Die seelischen Grundlagen einer neuen Gesellschaft, Stuttgart (dva) 1976, 68, 69.

38 Willigis Jäger: Suche nach dem Sinn des Lebens. Bewußtseinswandel durch den Weg nach innen. Vorträge – Ansprachen – Erfahrungsberichte, Petersberg (Via Nova), 1991, 100.

39 Johannes vom Kreuz: Die dunkle Nacht, a.a.O., 53.

40 Johannes vom Kreuz: Empor dem Karmelberg, a.a.O. 109. Vgl. auch 124.

41 Vgl. Johannes vom Kreuz: Die dunkle Nacht, a.a.O., 150.

42 Ebd. 47,51–52.

43 Edith Stein: Im verschlossenen Garten der Seele. Ausgewählt und eingeleitet von Andrés E. Bejas, Freiburg i. Br. (Herderbücherei „Texte zum Nachdenken" 1359) 1987, 73, 74.

44 Johann Baptist Metz: Zeit der Orden? Zur Mystik und Politik der Nachfolge, Freiburg i. Br. (Herder) 1977, 50.

45 Fritz Arnold: Befreiungstherapie Mystik, a.a.O., 142.

46 Johannes vom Kreuz: Die dunkle Nacht, a.a.O., 223.

[47] Vgl. Die zwei Reisen, in: Richard Rohr: Der wilde Mann. Geistliche Reden zur Männerbefreiung, München (Claudius) 5. Auflage 1987, 37 – 44.

[48] Ulrich Dobhan, Reinhard Körner: Johannes vom Kreuz, a.a.O., 91.

[49] Ebd., 179.

[50] Erika Lorenz: Licht in der Nacht, a.a.O. 186.

[51] Wunibald Müller: Ekstase. Sexualität und Spiritualität, Mainz (Grünewald) 1992, 44.

[52] Sören Kierkegaard: Die Krankheit zum Tode. Der Hohepriester – der Zöllner – die Sünderin, Gütersloh (GTB Siebenstern 422) 1978, 35,36.

[53] Johann Baptist Metz, Tiemo Rainer Peters: Gottespassion. Zur Ordensexistenz heute, Freiburg i. Br. (Herder) 1991, 45,60.

Weiterführende Bücher
von Pierre Stutz:

- Heilende Momente.
  Gebärden Rituale Gebete, Kösel München 2000.
- Ein Stück Himmel im Alltag.
  Sieben Schritte zu mehr Lebendigkeit,
  Herder Freiburg i. Br. 2. Auflage 2000.
- Alltagsrituale. Wege zur inneren Quelle.
  Mit einem Vorwort von Anselm Grün,
  Kösel München 5. Auflage 1999. (Mit CD zum Buch!)
- Du hast mir Raum geschaffen.
  Psalmengebete, Claudius München 4. Auflage 1999.

Wer sich durch die Gedanken dieses Bandes angesprochen fühlt und sie gerne in Einzelbesinnungstagen und Oasentagen in der Gruppe vertiefen möchte, ist in unserem „offenen Kloster" herzlich willkommen. Prospekte können schriftlich bestellt werden bei:

Pierre Stutz
Abbaye de Fontaine-André
Case Postale
CH-2009 Neuchâtel 9

MÜNSTERSCHWARZACHER KLEINSCHRIFTEN

Schriften zum geistlichen Leben ISSN 0171-6360

VIER-TÜRME-VERLAG

Vier-Türme GmbH – Verlag
Schweinfurter Straße 40 · D-97359 Münsterschwarzach Abtei
Telefon 0 93 24/20-2 92 · Telefax 0 93 24/20-4 95
Bestellmail: info@vier-tuerme.de

Anselm Grün/Gerhard Riedl

Mystik und Eros

Münsterschwarzacher
Kleinschriften Band 76
Broschiert; 114 Seiten
DM 12,80/öS 94,00/sFr 12,80
ISBN 3-87868-472-X

Bereits in der 5. Auflage!

Gotteserfahrung und Sexualität stehen für viele im
Widerspruch. Anselm Grün und Gerhard Riedl möch-
ten in dieser Kleinschrift Spiritualität und Sexualität
wieder zusammenbringen.
*„Eine Antwort auf die religiöse Sehnsucht vieler Men-
schen und auf ihre Suche nach einer wahrhaft
menschlich gelebten Sexualität."* (Das Zeichen)

VIER-TÜRME-VERLAG
Vier-Türme GmbH – Verlag
Schweinfurter Straße 40 · D-97359 Münsterschwarzach Abtei
Telefon 0 93 24/20-2 92 · Telefax 0 93 24/20-4 95
Bestellmail: info@vier-tuerme.de

John Howard Griffin

Geh mit der Ekstase

Thomas Mertons
Einsiedlerjahre
Broschiert, 224 Seiten
DM 24,80/öS 167,00/sFr 22,80
ISBN 3-87868-582-3

Thomas Merton (1915–1968), eine der großen spirituellen Persönlichkeiten des 20. Jahrhunderts, ver-
brachte seine letzten Lebensjahre in einer Einsiede-
lei. John Howard Griffin, ein langjähriger Freund
Mertons, nimmt uns mit in die Welt dieser Jahre.

Mertons Rückzug in die Abgeschiedenheit stürzt ihn
noch tiefer in das Leben und die Unruhe seiner Zeit.
Mit unglaublicher spiritueller Energie beschäftigt er
sich mit den Religionen des Ostens und den politi-
schen Themen des Rassismus und des Krieges. In
der Begegnung mit der Krankenschwester Margie
Smith erlebt er noch einmal das Wunder und die
Angst menschlicher Liebe.

VIER-TÜRME-VERLAG
Vier-Türme GmbH – Verlag
Schweinfurter Straße 40 · D-97359 Münsterschwarzach Abtei
Telefon 0 93 24/20-2 92 · Telefax 0 93 24/20-4 95
Bestellmail: info@vier-tuerme.de